（珍藏版）

好名字好前程

——吉祥起名实用大全

胡帅 著

农村读物出版社
北京

目录

第一章 起名的基本知识

一、姓名的命名法与历史

（一）姓氏命名法与历史

姓氏的起源及发展经历了一个漫长的过程。姓氏是一种文化传统内蕴深厚的特殊社会现象，经过漫长的历史发展，它由家族血缘关系证明、精神纽带和文化传承标志，演变为单纯的个人符号。

中国是世界上最早使用姓氏的国家之一。早在传说中的炎帝、黄帝之时，我们的祖先就有了姓氏。至今，我国有姓氏的历史已有数千年，根据专家统计，在历代文献中，姓氏有 5 600 多个，其中单姓 3 400 多个、复姓 2 000 多个、三字姓 140 多个。

最开始，姓和氏并不是同一个概念，姓产生于母系氏族时期，由于当时的子女“知其母，不知其父”，同一个姓是代表同一个母系的血缘关系的氏族符号，即一个氏族名下的成员都出自同一个母系祖先，所以上古八大姓都有“女”字成分：姬、姜、姒、嬴、妘、妫、姚、姞。这时最方便的姓的来源之一就是群体最熟悉的地名，尤其是以居住地附近的河命名。如黄帝姓姬，因为其氏族居住在姬水附近；炎帝姓姜，因为其氏族居住在姜水附近。虞舜居住在姚山，便以姚为姓。除了区分血缘和部落，姓还作用于婚配。古人从长期实践中领悟到近亲婚配会产生不良后代的道理，便规定“同姓不婚”。

随着人口的自然繁衍，母系氏族原有领地的资源不能满足人口增长的需要，因此就有了将氏族“分家”的必要，即“另其子孙而自分”。一个强有力的男性率领一部分氏族成员到一个新的地方安家，这个男人就成了新氏族的酋长。他保留着原来氏族的姓，为了便于区别，每支新氏族再起一个新的称号，这就是氏。氏是姓的分支，由于氏族不断分化，新的氏层出不穷，同一姓可以衍化出许多个氏。随着社会生产力的发展，母系氏族过渡到父系氏族，姓由从母改为从父，氏反为女子家族使用。汉族姓氏自夏朝以后，极少用从女的汉字，甚至把从女的古姓去掉女旁，如“姞”姓改为“吉”姓。夏代之前，以“禅让”制的方式传承氏族权力，据《尚书》记载，尧禅位给舜，舜又禅位给禹，而禹却传给了儿子启。原始社会的末期已经出现了氏，夏、商两代，也有少量的氏产生。但氏的大量频繁产生，还是发生在周代。周朝初年，周天子为了控制广大的地区，实行分封制，建立了71个封国，各诸侯国又对卿大夫进行分封。经过层层分封，以封国、封邑为氏的情况大量出现，加上以官名、职业、居住地、贵族的字和以与周王或侯君血缘关系远近为氏的，氏越来越多，数量上远远超过了姓。封建制度建立后，通行嫡长子继承父辈权力和氏号的规则，其他诸子只能另立门户、重标新氏。氏族的始祖氏号只能由嫡长子一系世代相传。于是氏演变成了一种权力、地位和财富的象征。女子不论出嫁与否，皆用同一个姓。但女子出嫁前与父同氏，出嫁后属夫氏，于是女子可以用夫氏，也可以用父氏。

姓氏的命名法大致有以下几种：

1. 以家庭为姓氏　前面提到过的带女字成分的姓，如媿、姬、姜、妫、嬴等，都属此类。它们是对母系氏族社会女性崇拜的反映。有些姓氏直接就是女族长的称号。

2. 以动植物或其他自然物为姓氏　如马、牛、羊、猪、蛇、龙、柳、梅、李、桃、花、叶、谷、麦、桑、麻、粟、山、水、林、木、风、云、河、江、金、石、钢、铁、玉等，这其中很大一部分是部落的图腾。

3. 以封国、采邑或职官、爵位为姓氏　如齐、楚、燕、韩、赵、魏、秦、鲁、蔡、郑、陈、宋、阮等，属以封国或邑名为姓氏；司徒、司马、司空、乐正、宰、上官、太史、少正、王、侯、公孙、伯子等，属以官、司名为姓氏。由于古代封爵职官名目繁多，故此类姓氏很多。

4. 以出生地、居住地或职业为姓　如姚（虞舜生于姚墟）、东方（伏羲住处）、西门、东门（鲁庄公子遂后代封住地）、东郭、南郭、百里、欧阳（越王勾践被封在乌程欧阳亭）等，属出生或居住地姓氏。陶、巫、卜、医等，属职业姓氏。

5. 以祖先族号、谥号为姓　如唐、虞、夏、商、周、殷，文、武、昭、穆、康、庄、宣、平、成等。

6. 其他　此类多为个别情况，具体有：

（1）皇帝赐姓。如刘邦赐项伯姓刘，李煜赐奚廷圭姓李。

（2）为避灾难而改姓。如传说伍子胥在吴被杀后，子孙逃到齐国，改姓王孙；陈厉公之子陈完，在陈国内乱后逃到齐国做了大夫，改姓田。

（3）为避皇帝或圣人讳而改姓。如荀改孙，庄改严，丘改邱等。

（4）嫌原姓复杂、字多而改姓。如司马简姓司或马或冯，欧阳简姓欧。

（5）少数民族主动从汉姓。如北魏孝文帝规定鲜卑族人改用汉姓，改为陆、穆、贺、于等，皇族带头，由原来的姓拓跋改为姓元。

（6）简化。拓跋、单于、宇文、长孙、呼延、尉迟、耶律、完颜、爱新觉罗等都是少数民族姓的汉语译音。有些少数民族姓在译成汉语后，嫌字太多就简化，如爱新觉罗改姓罗或者金。

说到这里，我们再来总结一下姓和氏到底有什么不同。姓用于“辨血脉”，区分不同的部落；氏用于“辨尊卑”，以国家、封地、居所、职业来突出家族身份。平民是没有氏的，只有贵族才有氏。姓产生后，世世代代相传，一般情况下不会改变，所以相对稳定。氏则会随着封邑、官职等改变。

秦灭六国不久，汉统一天下，作为维系周王室宗法制度重要标志的姓氏有别制度，也随着王室的彻底坍塌而消亡。至此，中国的姓氏才合二而一，实际上皆以“男氏”代替“女姓”了。这就表明，之后的子孙，都是男性血缘关系的繁衍，正如明代顾炎武在《日知录》中所说：“自战国以下之人，以氏为姓，而五帝以来之姓亡矣。”“姓氏之称，自太史公始混而为一。”“姓氏”成为维系传统之纽带，团结宗族之象征。

（二）名的命名法与历史

名是每个人的代号。姓氏表明公共的部落和血缘，而名是个人的符号和称谓。“名”产生于氏族社会时期，同时也是人的个体意识逐渐觉醒的必然产物。《说文解字》对“名”是这样解释的：“名，自命也。从口夕，夕者，冥也，冥不相见，故以口自名。”意思是说：黄昏后，天黑了，人们不能相辨认，各以代号称呼。这便是名的由来。后来，人们发现使用“名”的便利性，便逐渐通行，使得人皆有名，并对取“名”讲究起来。《周礼》记载“始生三月而加名”，说明婴儿出生三个月后才由父亲取名。

从古至今，每个朝代和历史时期的名都打上了极其明显的时代烙印。这些烙印可以让我们很好地理解每个时期的文化特点和文化追求。

我国上古时期，夏、商两朝的王室和贵族形成了以“天干地支”命名的习尚，这两个王朝的君王中出现了如孔甲、小乙、外丙、沃丁、太戊、雍己、盘庚、小辛、外壬等名字。

到了西汉时期，统治者崇尚黄老之术，祈求长生不老，于是当时取名就以延年益寿为潮流，出现了如严延年、毛延寿、霍去病、陈万年、车千秋等名字。

在魏晋南北朝时期，骈体文盛行，追求骈偶和好用虚字之文风对取名也颇有影响。因此，在单名后加“之”字形成双名，已成为当时取名的一种时尚，如王羲之、颜延之、顾恺之、裴松之、祖冲之、陈伯之等。

南北朝时期佛教盛行，有“南朝四百八十寺”之说；因而带有佛教色彩的人名大量涌现，吕叔湘先生在《南北朝人名与佛教》一文中论及，当时将“悉达”“达摩”“耶苏”“婆罗”“菩提”“沙弥”“罗刹”“摩诘”“金刚”“罗汉”

等佛教用语直接用于人名的情况非常普遍。

到了唐代，“标榜复古，旨在革新”的古文运动对老百姓起名也有较大影响，像颜师古、张道古、李宣古、任希古、张蕴古等名字较为常见。

唐宋时期，部分文人名字以“老”“翁”“叟”字命名，如胡唐老、苏元老、杜莘老、孟元老，刘辰翁、王次翁、魏了翁、张山翁，陈敬叟、盛明叟等。这类名字既反映了尊老敬老的时代风尚，也显示出当时人们对“老年”年龄切分划界的状况，同时也是当时文人心态的一种折射。杜甫写“南村群童欺我老无力”时，不过 48 岁；而苏轼写“老夫聊发少年狂”时，还不到 40 岁。

晚清、民国以及现代知识界、文化界人士的取名，更多借鉴了《楚辞》《诗经》等中的典故，追求典雅与个性，显示出鲜明的时代特征。提到优美的民国风名字，就不得不说说林徽因和梁思成这对神仙眷侣。林徽因名字出自《诗经》中的“大姒嗣徽音，则百斯男”，最初林徽因名叫“林徽音”，这个名字妙就在“徽”与“音”都是音律，名字二字形成对应，将她的才情与气质展现得淋漓尽致。而最后迎娶林徽因的梁思成，名字也源于《诗经》“汤孙奏假，绥我思成”。傅斯年是历史学家与教育家，字孟真，“于万斯年，受天之祜”是他名字的来源，原句意为基底深厚、天赐洪福，作为人名也寓意福寿万年，但是这个名字却起得清雅脱俗，非常有学者气息。那个时代，好名辈出，有“鹤鸣于九皋，声闻于天”的张闻天；有“郁郁乎文哉，吾从周”的陈从周；有“桃李不言，下自成蹊”的李成蹊，有用“秋霜一片洁白”来鞭策自己的瞿秋白。这些民国时代的名字，一个比一个有文采，直到现在还让我们这些现代人津津乐道。

1949 年以前，中国普通老百姓代表性的名字有旺财、来福、顺生、昌盛、寿年等，反映出人们对富裕、丰收、幸福、长寿的企盼。

1949—1975 年的姓名，则显示出与时事政治息息相关的特点，如：

解放、建国、国庆、爱国；

抗美、援朝、卫国；

建设、和平、国强、锦华。

20 世纪 80 年代，“单名风”盛行，出现了大量的“李刚”“王勇”“张伟”等名字，从某种程度上反映出大众一心追求“简单”“宁静”“朴实无华”“健康向上”的生活心态。

20 世纪 80 年代的单名的重复率也是相当高，男孩离不开伟、凯、勇、杰、帅、远、超、亮、明；女孩不外乎娟、芳、丽、英、娜、红、美、婷。

20 世纪 90 年代是单名的“后繁荣期”，越来越多的人有了双名。双名除了能摆脱单名带来的重名烦恼，还能多留出一个字的位置，来安放父母们对孩子的期待。这一时期，男孩的单名升级成了“龙、阳、晨、飞、宇、鑫”，女

孩的名字也变成了“雅、雪、倩、珊、妮、茜、菲”。

20 世纪 80 至 90 年代，琼瑶的小说火遍大江南北，让大众迅速地感到，“紫菱”“云飞”“书桓”“尔豪”“依萍”这样的名字比“张伟”“李娟”“王勇”“刘芳”等更有意境。“琼瑶风格”的双字名成为父母起名过程中愿意考虑的命名方向。

在这一时期，叠字名也悄悄流行起来。在 1985 年播出的《上海滩》中，赵雅芝饰演的气质出众的冯程程和周润发饰演的英俊潇洒的许文强成为那一代人不可磨灭的美好回忆。像“冯程程”这种叫起来朗朗上口、听上去也很亲切的叠字，被不少“80 后”“90 后”的父母所采纳。1981 年出生的范冰冰、1987 年出生的刘诗诗、1992 年出生的王莎莎等，都表现出那个时代起名的倾向。其实追溯起来，古人就有用叠字起名的习惯，如“王保保”“苏小小”等，都是例子。只是相对而言，女性多而男性少。这种情况如今也已有所改变。

到了 21 世纪，“00 后”们的起名风格又有了很大的变化。各种韩剧、偶像剧、网游、网络小说人物的名字让人眼花缭乱。人们渐渐一改从古文经典中寻找灵感的取名方法，变成了追求现代甜美、洋气好听、时尚等。加上各种起名大师、起名软件的推波助澜，“梓涵”“紫萱”“浩辰”“梓豪”“一诺”“欣怡”“诗涵”“子轩”等成为重名率最高的几个名字，让学校的老师点名时头痛不已。

不管我们处在哪个时代，名字都可以说是时代文化孕育的产物，站在历史的维度，没有所谓的好与坏，因为人们对孩子的美好期望、对祖国的支持和热爱是不会改变的。

（三）字的命名法与历史

古人除了名之外，还有字。比如我们所熟悉的三国时期的人物，曹操，字孟德；刘备，字玄德；关羽，字云长，等等。“名以正体，字以表德”，名是用来辨正名分、对应实体的，而字主要是用来表明志向和德操的。我们今天所说的名字与古人的“名”和“字”是不同的，今天人们只有名而无字，名义上把姓名统称为名字，其实是没有了古人的“字”的称呼。当然，从个人符号这个意义上讲，名、字、号等都是一种“名字”。古人的“字”，可以说是对名的一种补充和延伸，是名之外的又一个称谓符号，但字与名在意义和用途上是有区别的。按照我国古代礼仪，男子 20 岁时，要结发加冠取“字”，这时就认为他已成年，可以娶妻、立室、进行社交了。而女子则在 15 岁举行笄礼（即别上簪子束发）时取字，表示已可以许嫁婚配，我们经常用的成语“待字闺中”和“尚未字人”指的就是女子尚未到取字的年龄和尚未婚配。可见，取字是古人表示成年的标志。取字在古代一般只限于士大夫和知识分子阶层，平民百姓则有名无字，所以字也有表示社会地位的作用。如西汉开国皇帝汉高祖刘邦及其许多文臣武将，如萧何、韩信、陈平、樊哙等，都是有名无字，因为他们在显贵之前，都是村野莽夫，是无资格取字的。刘邦手下的文臣武将中，独有那个被刘邦赞为“运筹策于帷幄之中，决胜于千里之外”的张良有字，张良字子房，这是因为他出身于韩国贵族家庭。

古人取字，往往是根据名的含义进行考虑，字往往是名的解释或补充，二者互为表里，故字又称“表字”。《白虎通义·姓名》说：“闻名即知其字，闻字即知其名。”古人取字无外乎以下几种情况：

1. 字与名的意义相同或相近 如周瑜，字公瑾；诸葛瑾，字子瑜，瑜、瑾都是美玉的意思。诸葛亮，字孔明；陶渊明，字元亮，明和亮同义。陆游，字务观；秦观，字少游，观与游之义相近。

2. 字与名意义上互为补充说明 唐代大诗人白居易，字乐天，名表示居之容易，乐天进一步说明自己的心态，乐天而知命。北宋著名文学家苏轼和苏辙，一个字子瞻，一个字子由。那么作为苏轼和苏辙父亲的文学家苏洵给兄弟俩这么起名有何用意呢？苏轼个性张扬、豪放不羁，而苏辙的性格则相对内敛，苏洵对两个儿子的脾性秉性非常了解，为了劝诫与勉励儿子而起了字。轼本义是指设在车前面供人凭倚的横木，看似作用不大、可有可无，但一辆车如果缺了“轼”，也就不成为“完车”了。“子瞻”，则源于《左传·庄公十年》“登轼而望之（登高往下望）”中的“望”，意思是让苏轼高瞻远瞩、谨慎小心。苏辙名字中的“辙”，本义是指车迹，即车轮碾过的痕迹。苏辙的字“子由”，则带有仿效、依循的意思，说白了就是跟着别人走。这两个字很符合兄弟俩的性格，在为人处事方面，苏辙相比哥哥苏轼，要内敛得多。

3. 字与名的意义相反 如孔子的弟子曾点，字皙，据《说文解字》“点，小黑也”“皙，人色白也”，黑白分明，其义相反。还有韩愈，字退之；朱熹，字元晦；晏殊，字同叔；清代散文家管同，字异之，其名与字意都是相反的。

4. 将名拆开组成字 如明代文学家刘侗，字同人。

5. 取字用“伯（孟）、仲、叔、季”等字 用“伯（孟）”的排行老大，如明初政治家刘基，字伯温；东汉文学家蔡邕，字伯喈；东汉史学家班固，字孟坚。用“仲”的排行第二，如三国吴国君主孙权，字仲谋；东汉哲学家王充，字仲任；唐代诗人钱起，字仲文。用“叔”字的排行第三，如“竹林七贤”之一的嵇康，字叔夜；北宋词人晏几道，字叔原。用“季”字则排行最小，如唐代诗人贺知章，字季真；唐代诗人王之涣，字季凌。如果兄弟超过四人，还可用“幼”等字。

6. 字与名无明显关系 有时字和名也可以没有关系，仅为一种美称。如《史记》作者司马迁，字子长；西汉辞赋家扬雄，字子云；三国时的刘备，字

玄德。这几个字都只是单纯的男子美称，与名几乎无关。

7. 取字用典籍诗词名句 如曹操，字孟德，取自《荀子·劝学篇》“夫是之谓德操”。清代文学家钱谦益，字受之，出自《尚书》“谦受益”。康有为，字广厦，乃是取自于诗圣杜甫名句“安得广厦千万间，大庇天下寒士俱欢颜”。

古人对于名、字的使用是十分讲究的，名与字用于不同的场合、对象。一般地说，自称用名，尊长对于晚辈、师长对于弟子、位高者对位卑者也可以直呼其名。而字可以说是专供别人称呼的，尤其是位卑者对位高者，平辈间称对方尊长，都应称其字以示敬重。孔子，名丘，字仲尼。《论语》中，孔子自称其名为“丘”，如：“子曰：‘巧言，令色，足恭，左丘明耻之，丘亦耻之’。”孔子对其弟子则称其名，如：“回也非助我者也，于吾言无所不说。”这里的“回”是颜回，字子渊，孔子直呼其名“回”。相反，如果位高者对位卑者、尊长对晚辈称其字，那就是一种特殊待遇了。如汉景帝说：“天下方有急，王孙宁可以让邪?”王孙是窦婴的字，他在西汉初年吴楚七国之乱时，被汉景帝任为大将军，因功封魏其侯。又如据《唐语林》记载：杜甫在成都做严武的幕僚时，在一次喝醉了酒后，说：“不谓严挺之乃有此儿。”因为他说了严武之父的大名，严武怒不可遏，说：“杜审言（杜甫的祖父）孙子拟捋虎须耶?”因为称名不当到了剑拔弩张的地步了。在我国古代，对于位高者、尊长者的名都要“避讳”，即对于他们的名所使用的字都不能使用。康熙皇帝名玄烨，所以当时南京玄武湖一律写成元武湖；也可以将应避讳的字空着不写，写成“某”字，或写成“讳”字。如唐人撰《隋书》，因避李世民的讳，将王世充写成“王充”，后人不知是讳名，就写成了王充。再如周公姬旦在周武王病重时，向三王（大王、王季、文王）的在天之灵祈告说：“唯尔元孙某，遘厉虐疾。若尔三王，是有丕子之责于天，以旦代某之身。”周公因避其兄武王姬发之讳，以“某”代之。这句话译成白话就是：“你们的长孙姬发，得了重病。假若三王在天之灵，需要子孙去伺候你们，就让我姬旦来代替姬发吧!”避讳还有的表现为将需避之字的某一笔缺而不写，由此产生了许多怪字。由于时代的进步，那些怪字现代已不多见了。字的产生是为了“敬名”，一个人幼而有名、冠而有字，如同一门二锁，在不同社交场合，可以按照不同需要称呼字或名了。

（四）号的命名法与历史

不知道大家有没有发现这么一个有趣的现象：我们在了解某位古人生平的时候，会发现在书中这位古人经常会出现数个不一样的称谓。比如上文提到过的北宋大文豪苏轼，有人叫他“苏轼”，有人叫他“苏子瞻”，也有人叫他“苏东坡”；又比如唐朝诗人李白，有人叫他“李白”，有人叫他“李太白”，也有人叫他“李青莲”。那么这里就有很多人不明白，难道苏轼、李白他们的曾用名有这么多吗？当然不是，其实这三个称谓都是同时存在的，只不过代表的是不同的意思。如苏轼，“轼”是苏轼的名，“子瞻”是苏轼的字，而“东坡”则是苏轼的自号。

说起自号的起源，则要先讲到“号”，而这“号”的起源，还要追溯到黄帝时期。《史记·五帝本纪》中记载“黄帝者，少典之子，姓公孙，名曰轩辕”“号有熊”。可见，在黄帝时期，“号”代表的是部落的名称，在后来的文献记载中，也见得“号”用作表示部落首领的名称，再到后来秦始皇统一天下，采上古帝号，再著皇，号曰皇帝，由此，后来的历代君王都以皇帝为号，这便是“号”最初的用法了。

虽说“号”的起源早至黄帝时期，但是“自号”却并没有那么快流行起来。唐宋以前，“自号”也只存在于少数上层的文化精英里，一般人是没有“自号”的。我们所熟悉的最早的“自号”，便是陶渊明的“五柳先生”了，而在这个时期，“自号”的意义已与其原始意义大为不同，多了一些个人的情感，也在一定程度上体现了魏晋时期的动荡。到唐宋时期，“自号”开始真正流行起来，究其原因，还是因为当时人们对于道德伦理更加重视，并且在文学方面也达到了高峰，而此时号的取法也变得更加多样，“自号”这种相对比较随意的叫法，也真正走上了历史舞台。

因为“名”和“字”都是为了礼仪而产生的，所以在取名和字时，古人都必须遵循着家族、宗法、礼仪及行辈之间的那些条条框框的规矩。因此在当时，人们并不能对自己的名和字进行随心所欲的创造。这些条条框框的规矩对于那些有自己想法的文人墨客来说，绝对是一种束缚，可是在那个时候他们显然是不能也不敢冲破礼制对于他们的禁锢的，无论再怎么不愿意，他们也都得遵循这些规矩。“自号”的作用就是供那些有个性的文人墨客自由地抒发和标榜自己的志向和情趣。比如明朝画家唐伯虎，他觉得人生就是如幻、如梦、如泡、如影、如露、如电，于是他就给自己取了一个“六如居士”的自号，意思是——我的人生就是一个如幻、如梦、如泡、如影、如露、如电的人生。又比如南宋爱国诗人陆游，他因看不惯那些讥讽他不守礼法的权贵，所以为了表达对于那些人的蔑视，就为自己取了一个“放翁”的别号，意思是“我就是一个豪放的老头”。

虽说“自号”没有特别要求，可以随自己天马行空去取，但是它还是有一些规律可循，“自号”的取法大致有以下几种：

1. 根据籍贯和居住地环境来取 陶渊明自号“五柳先生”，想必无人不知无人不晓，而这“五柳先生”就是因为陶渊明的住所旁有五棵柳树，因此便引以为号，广为流传；除此之外，“青莲居士”李白，他的自号来源是老家在四川青莲。

2. 根据自己的志趣抱负来取 取自号的多是文人墨客，而文人墨客大多充满抱负、满怀热望，因此，很多文人名士都会取号来表示自己的伟大抱负和美好憧憬。唐宋八大家之一的欧阳修字号“六一居士”，这个“六一”的意思并不是他是六月一号生的，而是“古籍一千卷、书一万卷、琴一张、棋一局、酒一壶、老头子一个”。他以“六一”来表示自己对于生活的美好愿景，同时也是一种高端的自嘲。

3. 根据形貌特征、年龄等来取 前面说到自号的取法可以天马行空，而这其中尤其特别是辛弃疾。辛弃疾自号“六十一上人”，而这“六十一”其实就是其姓名当中的“辛”字的拆解，“上人”则是对出家人的尊称，由此也可以见得古人自号的趣味性以及取号的“任性”。

而在这“任性”的代表当中，还有一位比较典型，他就是祝允明。说起祝允明，可能大家一时都反应不过来这是哪位名士，但是提起“江南四大才子”之一的祝枝山，恐怕很多看过周星驰电影《唐伯虎点秋香》的读者就记起来了。祝允明因为自己长相不同寻常，并且右手有枝生手指（六指），因此就以“枝山”为号，以此来自嘲自己的长相丑陋，而在流传过程中，不知何时竟被文学化，也是一桩趣事。

如今，自号似乎已经退出了历史的舞台，我们鲜少见到拥有自号之人，但是它却又以其他形式存在着，如作家的笔名，以及上网时用的网名等。

历史是不断进步发展的，也是一脉相承的，无论是自号抑或其他事物，无论其现在是彻底消失抑或依然存在，它们都已经融入我们的生活。我们不必为其消逝而感到惋惜，而更应该为其发展成熟而感到欣喜。

二、企业的命名法与历史

在社会生活中，被人们喜闻乐见而又在市场上占据主导优势的企业或商品，都有一个好商名，这些商名大都是人们绞尽脑汁、字斟句酌的结果。商名不是顺手拈来的，它必须符合一定的规则才能具有强烈的吸引力和高度的概括力，由此刺激潜在的客户或潜在的消费者。具体来说，好的商名应遵守如下规则：

1. 简洁明了 好的商名，不会是怪僻之名，更不会是别人难读、难记之名。为方便大家记忆，一般企业用名大多采用两个字，多则用五六个字。这样起名，既符合中国文字组词惯例，也符合人们记识文字的习惯。比如迅达电梯公司、轻骑摩托工业公司、中意电器公司、快捷邮送公司等其中的“迅达”“轻骑”“中意”“快捷”就是两个字。商名注重简洁明了，能在一秒钟内让人家知道你在卖什么东西，会更讨人喜欢，也可省下很多广告费。先举一些反面例子：美国有“白色城堡”这个品牌，卖什么呢？是家喻户晓的内裤！一般人实在很难联想到它会与衣服有关。还有一种叫“阿弥陀”的热水器，不管从哪个角度，人们都无法把“阿弥陀”与热水器联系起来，这真是太令人费解了。与此相反，如猛打广告的“好吃点”“吃了再说”都明显有吃的意境，一听这样的名字，就不会让人误想或不易辨识。又如：广州某歌舞厅拟注册名称，要求艺术、明快、贴近青年人，并有浪漫情调。推荐的名称有：灯夜阑、风笛、无限情、无觅处、双双、待曙光、红楼、明月高。经推敲，确定“风笛”为首选，“无限情”和“明月高”备用。“风笛”虽出自“清风和笛，细雨润生”，但仍不失简洁明了的特征。

2. 名副其实　商名是企业、公司或商品的专有标志，只有名实相符，才能准确地反映企业、公司或商品的特征，才能让人们叫着顺口、听着顺耳，易于人们识记和传播。因而“名副其实”是取商名的重要原则。有厂家发明了一种用于洗衣的两用刷，一面是刷子，一面是肥皂，还可接在水龙头上，使用很方便。设计师煞费苦心地给它取了个名字叫“鸳鸯刷”，该名非常浪漫，经豪华包装后推向市场，可销路奇差。后经别人提醒才发现，很多消费者误将此刷当作刷背的刷子。原来问题出在商名上，人们很容易联想到“鸳鸯戏水”，可洗衣刷刷背实在太硬，稍不小心就伤及皮肤，自然销路不好。有家路边小吃部，挂牌为“名厨饭庄”，不足20平方米，而且设施简陋，人们往往是看看招牌、望望店堂，然后都摇头走开了。“这样的小饭馆会有名厨吗？”人们是带着这样的疑问走开的。可见，名实相符是多么重要。

3. 寓意美好　如四川长虹电器股份公司，“长虹”，是取雨过天晴之意，有瑰丽壮观的寓意，广告语中的“太阳最红，长虹更新”，更有催人奋发之意。同样，以生产彩色电视机著名的康佳公司，其名是取“康乐人生，佳品纷呈”之意。深圳三九药业集团公司，其“三九”之名，在中国古代汉语中有数多不可胜记之意，寓有不懈追求之意。况且作为药物生产商，隐含着让人健康长寿之意，因而是一个很好的名字。剑南春酒厂，其名剑南春，寓春意盎然、生机无限之意。再例如重庆某企业拟注册集贸易、科技、家庭用品为一体的综合公司，备选的名称有：乾与坤、欣风采、宝一星、科中兴、紫旭、欣渝、天一。最后注册了“紫旭科技发展有限公司”。“紫旭”寓指事业如旭日东升，永远伴着紫气祥云，也指会给社会带来一定的福祉。

4. 谐音有利　汉语里有着大量的同音字或近音字，使用时偏向好的一方面去谐音是让人易于接受的，若由于谐音不恰当，与一些不吉利的词相关了，那将造成不必要的麻烦。如“老梅餐厅”在吴越一带就读作“倒霉蛋进”，对于讲求语意的吴越人来说是犯忌讳的。又如有一种“电脑话务员”，商标名称为“波通”，“波”有个谐音字“拨”，即“拨动”的意思，“一拨就通（电波）”

这个谐音就很切合电讯业务，也是人们的期望所在。再如“蜜蜂”牌保险箱，“蜜蜂”谐音“密封”，婉转地揭示了产品性能。“佳客”牌服装既让顾客感到满意，又谐音“夹克”。这样的谐音一语双关、妙含美意，都是非常好的。又如位于复旦大学校园附近某服装店准备命名，要求新潮、适合学生特点，最初拟定的名称有：俏佳、美俏、悦丹、馥丹、倩颖、倩莹、美之星、煜之花。最后注册了“××馥丹新潮服装店”。起名“馥丹”，馥，指香气浓郁，即品位高尚；丹即红色，吉祥温暖。两字组合恰谐“复旦”音，真是妙不可言。

5. 意音俱佳 对于公司和商品来说，一个意音不好的名字则意味着它可能会失去大量的生意。可口可乐于20世纪20年代进入中国市场时，没有重视起名，随便起了一个名字“蝌蚪啃蜡”，这种让人不知所云的名字自然无法带动消费。后来改名为“可口可乐”，才一炮而红。日本一家蛋糕公司为自己生产的蛋糕取了“LAPUTA”拉丁式名字。由于质量上乘，远销很多国家，结果行销葡萄牙时，这个词在葡萄牙语中的意思是“烟花女”，人们避之唯恐不及。由此可见，同样的商名在不同国情下，仍会产生很大的效果。椰汁是果菜汁市场中的热门品类，于是成了模仿的对象。广东有一家厂商生产果菜汁，却起名为“椰汁蜜”，后工商部门以其品名带有欺骗性而封杀了该商品，可谓想蹭热度却惹来商标风波。如果商品缺少意境，商品很难被大众牢记。企业不关心中文字的英文表达力，会让“青山”变成“轻身”，或“开元”变成“开涮”，出现这样的“歧义”，说不定还会造成意想不到的损失。

6. 亲切熟悉 好的商业用名，不能给人太严肃的感觉，更不能给人一种拒人千里之外的感觉，而要有一种亲和力，让人有可亲近、可信赖的感觉。比如山西杏花村汾酒厂。杏花村一名取自唐代诗人杜牧的《清明》，“借问酒家何处有，牧童遥指杏花村”，此名有浓郁的乡村情趣，给购买者一种亲切感。又如四川天歌集团公司，天歌一名取自唐代骆宾王的诗句“鹅、鹅、鹅，曲项向天歌”，有意趣且又自然。再如上海信义药厂，“信义”向来是人们所倡导的，用此为药名似乎是在向顾客做出承诺，易为顾客心理上接受。同样杉杉服装公司一类的名字，易使人产生亲切感。类似的还有巴拉巴拉童装等。“大宝”是普通人家孩子惯用之小名，北京大宝化妆品公司以“大宝”为企业名和品牌，给人以亲切随和的感觉，拉近了人与商品之间的距离，易为顾客所认同。

7. 设计方便 通常较重视广告的企业都会请专业的设计公司，设计企业名或商品名的标准字。以前文案人员不关心字好不好写、好不好造型，所以往往新名字出来，其标准字版本不是很臃肿就是很怪异。印刷之后的商品名能不能好写、耐看，定名前最好先考虑一下，以免坏了百年大计。

8. 与众不同 不少企业在选取商名时，都循着一个较固定的模式，虽然名字不同，但模式一样，这同样会影响宣传效果。同类产品种类一多，差别又不大，名称也同一个模式，其中的某一具体产品就很难给人留下独特的印象。在这种情况下，突破常规的命名模式，就变得非常重要。酒的品种多得吓人，而且一些品牌因其久负盛名而大行其道。而“浏阳河酒”就像一匹黑马，投放市场后销量出奇，为什么呢？“浏阳河酒”的名字由一曲人人皆知的歌曲《浏阳河》而来，人们在熟悉的旋律中不免生发怀旧之情，和朋友们一起品一品美酒，唱一支老歌，共同追忆过去的美好时光，这是很多人的心愿，于是这种酒的销量大增，品牌就确立了。

9. 有备无患　就像爱车人喜欢有备胎一样，公司里常常要保持一定数量的品牌名（已经注册或构思中），万一有危机出现即可随时递补。假如要更换公司的名字，最好与原公司能有连续性，好让消费者产生“爱屋及乌”之心。“芳花化妆品公司”更名为“芳华化妆品公司”，一字之别，但又紧密联系，改变名字后并没有影响其产品的市场销售，而且消费者们更乐于接受这一新的名词。“声宝企业”与“新宝科技”也是移情之例。如果“爱之味”之后再出现个“海之味”的品牌或公司名，“浪奇”之后再来个“浪异”，企业形象将会在人们的脑海中更持久、更有延续性！

10. 全球意识　在世界经济面临着全球经济一体化的形势下，尤其是在我国加入世界贸易组织后，越来越多的企业将进入国际竞争领域，那么一些准备跨出国门的公司在起名时就要树立全球意识，发音要考虑到符合外国人的发音习惯。2003 年 4 月 28 日，联想集团放弃使用将近 18 年的“Lenovo”英文标志，转而使用由英文和汉字共同组成的新标志“联想 Lenovo”，就是出于这个考虑。标识是品牌的“代言人”，18 年来，联想的英文标识 Lenovo（传奇），伴随着成千上万的联想产品，进入寻常百姓家，其品牌价值高达 200 亿元。联想就像 Lenovo 的英文原意一样，演绎了一段中国 1T 企业的“传奇”。既然如此，联想为何要换标识？这应该是国际化的需要，在欧洲几乎所有的国家，Lenovo（传奇）都已经被注册过了，而且涵盖了电脑、食品、汽车等多个领域，回购根本不可能，所以联想此次换名实为不得已之举。给企业、公司或商品起名，是一项具有文化创造性的活动。创造不是随意而为，而是要让这种创造出来的商名符合命名对象的特征，并能令人有耳目一新之感。所以，这种创造要达到一定的效果，才是真正的创造，才有价值。

第二章　好名字·好运气·好人生

一、好名字激励人的成长

姓名是我们每个人的第一张名片，拥有一个好名字往往能给自己带来一些帮助。古人说："赐子千金，不如教子一艺；教子一艺，不如赐子好名。"所以名字对人来说非常重要。好的名字，可以给人带来积极的影响和暗示，激励人的成长。

创造了"贞观之治"的一代明君唐太宗李世民，他的名字是他一生功德和事业的写照。相传李世民四岁时，有位相士为他看相后对唐高祖李渊说："这个孩子有龙凤之姿、天日之表，其年及冠，必能济世安民。"李渊一听相士之言大喜，便为孩子起名"世民"，期望孩子长大后能干一番"济世安民"的大事业。后来李世民少年从军，曾往雁门关解救隋炀帝。他首倡晋阳起兵，拜右领军大都督，受封敦煌郡公，领兵攻破长安，拜尚书令、光禄大夫，受封秦国公、赵国公。他领兵平定薛仁杲、刘武周、窦建德、王世充等割据势力，为唐朝的建立与统一立下赫赫战功，拜天策上将，封秦王。登上皇位后，李世民也不忘"济世安民"的使命。他作为中国古代一代明君，听取群臣意见，虚心纳谏，文治天下，厉行节约，劝课农桑，实现休养生息、国泰民安，开创了历史上赫赫有名的"贞观之治"，使自己"济世安民"的名字成为现实。

民族英雄岳飞，字鹏举。据说在他降生时，有一只身披五彩的大鸟从他家屋顶飞过，因此他的父母给他起名岳飞，意思是孩子长大后像大鹏鸟一样为国前驱，鹏程万里。岳飞十六岁的时候，北方的金人南侵，宋朝当政者腐败无能，节节败退，国家处在生死存亡的紧要关头。岳飞受母亲刺字"精忠报国"于后背，毅然从军报国。从军以后，岳飞纵横疆场、浴血奋战，三十二岁就成为手握重兵的节度使。由此可见，岳飞的名字，还有背上"精忠报国"这四个字成了他的精神支柱和座右铭，鞭策他成为一名英勇的抗金英雄。岳飞短暂而又光辉的一生，多么像一只身披五彩的大鹏鸟，展翅高飞，建功立业，英名万古，千秋不泯！

著名画家徐悲鸿也是一个改名励志并成功的典范。他的姓名本是徐寿康，却被他改成了徐悲鸿，那么他为什么要改名呢？徐悲鸿出生在一个艺人的家里，他父亲走街串巷卖画、给人画肖像，或者有人家盖了房子，也会请他画个画。靠这个只能勉强养家糊口，日子也富裕不到哪去。徐悲鸿的父亲对徐悲鸿也没有太大的期望，只希望他能健健康康、平平安安，所以给他起名为徐寿康。徐悲鸿从小跟着父亲走街串巷，他父亲画画时他也跟着画，所以他从小就有了画画的基础。后来父亲去世，他就想离开家乡去外面闯一闯。他给在上海任教的老乡写了封信，希望能去当助教，老乡同意了，徐悲鸿还画了一幅水彩表示感谢。但是去了上海之后，校长觉得徐悲鸿太年轻了，不想让他留校当助教，穷困潦倒的徐悲鸿顿时走投无路。他取《诗经》中的“鸿雁于飞，哀鸣嗷嗷”句，为自己改名，“表示不忘悲苦，志向远大”。他给自己改名“悲鸿”，其中的“鸿”字，意思是“大”，立志做一个志向远大、对社会和祖国有贡献的人。后来徐悲鸿不断提高自己的绘画技巧和声望，一步一步成为中央美术学院院长，可谓实现了人如其名。

共产主义战士雷锋同志几乎家喻户晓，但是他的本名也不叫雷锋，雷锋是他两次改名后的名字。雷锋出生在湖南长沙雷锋镇简家塘一户贫苦农民家里。雷锋哥哥出生后，家人按字辈起名为雷正德；等到雷锋出生后，便取名为雷正兴，寓意兴旺发达。1958 年，在报名去鞍钢当工人的路上，雷锋对一同去的张希文说，“雷正兴这个名字是叔公起的，有家道兴旺之意，现在我是一个孤儿，哪有什么家，我想趁报名当工人的时候改过来。我最近常在乌山、金山行走，觉得在山上能登高望远，不会迷失方向，所以我想改名叫雷峰，取意勇登高峰”。张希文觉得改得好，让雷锋也帮他改一个，雷锋就以“建设新文化”为寓意帮他改成了张建文。于是，两人在报名表上，一个填了“雷峰”，一个填了“张建文”。在鞍钢搞建设时，雷锋所有的证书上，都用的是“雷峰”这个名字。包括在辽阳的入伍申请书上，雷锋也用的是这一名字。雷锋将“峰”改为“锋”是在 1960 年 4 月。当时雷锋在工程兵运输团工作，他用冲锋的锋替换掉了山峰的峰，寓意要激励自己永远冲锋在前。后来雷锋的英雄事迹传遍大江南北，他做好事从不留名，发挥钉子精神，在部队学习专业知识和技能，用自己的钱帮助需要帮助的人，不顾个人安危、连续七天七夜投入到抗洪中……真的成了一名先锋。从雷锋同志的两次改名中，我们可以清楚地看到，一个好的名字真的可以激励人往这个名字的寓意去努力，成为自己想成为的样子。

二、好名字传承家族荣耀

（一）字辈的特点

字辈，也叫作字派，是指名字中用于表示家族辈分的字（多为名字中间的字），俗称派。字辈是中国传承千年的重要取名形式，也是中国古代诞生的一种特别的“礼”制，它一直延续到现代。一般而言，字辈诗所选之字是由开基祖（始迁祖）拟定的，并写入家谱，具有宗族上的权威性。即使家族分迁、散居各方，或年代久远、支派浩瀚、世系庞杂，只要按字辈诗取名，就可保证同宗血脉的一气贯通、世系井然而不致紊乱。

那么为什么要用字辈起名呢？使用字辈的目的是为了家族内部区分长幼高下，理顺世系次第。它是一个血缘家族的记忆链，可以把家族的繁衍系统记忆几百年。从文化的角度来看，字辈诗就是绚丽多姿的诗篇。它也体现了一个家族的精神和家风，还体现了一个家族的价值取向、社会责任以及对子孙后代的殷切期望。

一般来说，字辈谱有这样几个特点：

1. 严肃性 古代都有“名正言顺”的说法，名不正则言不顺。取名是一件很严肃的事。而字辈不仅是取名，而且要代代相传、遵照执行。如孔府对字辈谱要求很严格，明文规定：自己编撰字辈谱，需报官批准。全族人必须按照字辈取名，凡不循世序、随意取名者，概不准入谱。民国修《马佳氏族谱》，在字辈末尾加小注：“……凡我后裔，一代用字以纪事，男女一致，遵守排用……不得任意更改，以免混乱。”

2. 思想性 一般字辈的用字都含有吉利、吉庆、祥和、安康、兴旺、和平、幸福的思想内涵，体现出本家族一定的价值取向、社会责任和对子孙后代的殷切希望。由于订立时代的不同，字辈反映出了不同时代的思想和伦理道德。在封建时代，字辈中多传播了忠孝节义、忠君孝友、光宗耀祖的思想内容。比如有的家族字辈是“忠厚传家久，孝廉布四方，节全是吾本，义字万世传”“光昌兴宗德，宝贵古流传”“绍庭为国瑞，光彩振家声”“世业绍宗先，忠信立之本，仁义致胜全”等。在社会主义新时期，家谱的字辈，则体现了新的思想、新的内涵。如1998年川渝联宗《徐氏族谱》中提出了40字新字辈谱：“华光普照明，东海映太平，茂志泽道远，文武显龙廷，福全增富贵，科学振嘉兴，庆恩育英杰，承先世代荣。”

3. 地域性 有的字辈不仅具有字辈用字的一般特点，还反映出地域特点。张仲荧、张汝宜两位在《四川族姓之班辈检讨》一文中，就提出了一些带有较典型地域特点的四川各家族字辈，如以水、土择字，“沐浩泽泉流江双永源浩济津清灌”“坛堞堤堦，坡坤垢坦，坩城垛基，坚填培垒”。

4. 艺术性 诗歌是文学艺术的基本体裁之一，也是历史最悠久的艺术之一。它能以极少的字数、最凝练的笔触，调动人的情绪、反映生活、表达思想感情。格律诗是古代常用的诗歌形式，且诗作大多数是五言体诗、七言体诗。由于家谱多数是有文采的名人撰写，所以，在确定字辈时也就往往采用格律诗的形式。多数是五言体诗，当然也有四言、七言体诗。这就体现了字辈谱的艺术性。例如，《韶山毛氏族谱》的字辈谱为：“立显荣朝士，文方运济祥，祖恩贻泽远，世代永承昌，孝友传家本，忠良振国光，起元敦圣学，风雅列明章。”毛泽东为十四世“泽”字辈，其父毛贻昌为十三世“贻”字辈，祖父毛恩普为十二世“恩”字辈。

5. 私密性 家谱是家族由族长或族人中德高望重的族人主持编修的。修成后，一般是编上分发号，发给族人，不向外公开出版发行，至多是赠送给国家图书馆收藏，这本身就具有私密性。而字辈谱只是家族内部识别辈分的标志，更是秘而不示。家谱修成发放时，一般都要向族人公开声明家谱的字辈不外传。据说江西师大历史系教授梁洪先生在赣中南某地为一位黄姓乡民讲解过他的家谱内容，分手后这位黄姓乡民又回来，很认真地叮嘱梁洪先生说：“不要把我黄姓的字辈告诉别人。”

中国几千年的历史，出现了很多有名的大家族，比如晋朝王谢大家族、盛唐李家、大宋赵家、明王朝朱家等，但要说起“天下第一大家族”，非传承千年的孔氏家族莫属。孔氏家族历经 2 500 余年的岁月，始终屹立不倒，不随朝代的更迭沉浮，不随兴衰的交替起落，如长江之水长流不息、世代相传。在明代以前，孔氏后裔没有固定的行辈，那时人数尚少，各家取名很随意。从四十五代起，已注意订定行辈，但还不严格，同辈人多采用同一偏旁或同一字作行辈字。明代初年，太祖朱元璋先后赐给孔氏十字作为行辈字，从五十六代起排，此后孔氏族人不准随便取名。孔府曾专门颁布过《孔氏行辈告示》：“立行辈所以分尊卑，定表字所以别长幼。迩来我族人满数万丁，居连数百里。岂唯目不能偏识，而且耳不能遍闻。若无行辈则昭穆易紊，无表字则称谓不论。在前业经奉旨更定。今依所定吉字开列于后，凡我族人俱当遵照后开行辈，取名训字。有不钦依世次随意妄呼者，不准入谱。”可见，孔氏家族算得上是奢华、高贵的字辈来历了，代代都是由皇帝和政府亲自拟定。举几个孔家名人的字辈吧，比如著名乒乓球运动员、教练孔令辉就是令字辈；四大家族的孔祥熙是祥字辈；著名援藏干部孔繁森是繁字辈；北京大学中文系教授孔庆东是庆字辈。孔氏家族能历经 2500 余年的岁月洗礼，名人辈出，家族传承和字辈起名文化都起了重要的作用。

（二）字辈的前世今生

字辈起源于商周，在秦汉时基本稳定，至魏晋南北朝有所发展。以同一个字表示同一辈人，即兄弟的名字里有个相同的字，如《左传·文公十一年》载有桥如、焚如、荣如、简如四兄弟，相同的字是“如”。这种方式，多半用于双字名。这个相同的字，或用在前面，或用在后面，在这个时期没有统一的习俗。人们当时也习惯以相同的一个偏旁表示同一辈人，即共用某个偏旁，如东汉黄琼、黄理兄弟，都是“王”作偏旁。这种相同偏旁的取名，一般用在单字名上。隋唐时期，名门望族沿袭同字或同偏旁表示同一辈的做法。如唐末时期的金华黄氏八兄弟：黄玘、黄琛、黄璞、黄琬、黄珍、黄瑕、黄珌、黄瑶，都用了“王”旁。双井黄氏的黄赡、黄贻、黄赋三兄弟，都用了“贝”字旁。

字辈的正式起源是唐朝，韩愈为其家族撰写了韩氏字辈。宋太祖赵匡胤创造了对联式字辈（俗称字辈对联），内容是：匡德惟从世令子，伯师希与孟由宜。

明太祖朱元璋，开创了朱氏取名法：字辈诗＋五行相生的偏旁字。具体取名规则是：名之第一个字，按字辈诗确定（同辈有一个字相同，并把它当作名字的第一个字）。名之第二个字，按偏旁构成的五行相生规则确定（俗称五行入名）。如：朱棣（木）→朱高炽（火）→朱瞻基（土）→朱祁镇、朱祁钰（金）→朱见深（水）→朱祐樘（木）→朱厚照、朱厚熜（火）→朱载垕（土）→朱翊钧（金）→朱常洛（水）→朱由校、朱由检（木）。

明清以后以及近代，字辈起名流传并盛行，是我国上至皇室、下至黎民百姓取名的重要方式。

中华人民共和国成立以后，随着改革开放的深入，人们的思想也不断解放，越来越多的家族不再按照字辈进行起名了。首先用家谱起名经常重复而且不易起得好听，其次用字在很多现代人眼里已然“过时和俗气”，当然更主要的是如今人们受教育程度和文化水平提高，接触的文化和思想越来越先进，不愿拘泥于一些传统的习俗。此外年轻父母都想给孩子起一个好听而响亮的名字，但是有了家谱字辈，起名字的时候就受到了约束，所以现在愿意用字辈起名的家庭越来越少。当然，很多家族为了与时俱进，对族谱进行了“升级”，运用了更有时代特征的新字作为字辈。

三、好名字带来良好人缘

人的名字不仅作为一个人的专用符号，对自身的发展有着潜在的影响，而且也是人与人之间进行交往所不能缺少的工具，会伴随人的一生，具有一定的社会价值。我们一提到某个人的名字，立刻就会想到这个人的外貌、性情、气质、经历和事迹。正如唐代诗人李益的一联诗句："问姓惊初见，称名忆旧容。"突然碰到阔别多年的友人，竟茫然不识，自报姓氏之后印象仍很模糊；只有一提到名字时，友人昔日的音容笑貌才在脑海里凸现出来，宛如昨日。

在社会交往中，人们最先接触到的往往就是对方的名字，一个好的名字往往会给对方留下很深的印象。有时一个名字甚至可能改变一个人的命运。我国历史上有不少因为名字走运或背运的轶事；有些虽然近于荒唐，但从中却可以窥见一种普遍的社会心态。

传说，清顺治十六年（1659 年），昆山人徐元文殿试成绩不错，但并不是前几名。只因为顺治帝认为他的名字好，本人也仪表堂堂，便钦点他为状元。乾隆五十年（1785 年），乾隆帝在审阅主考大臣呈上的前十名试卷时，发现有一个叫胡长龄的名字，不禁欣喜异常，马上钦点胡长龄为状元。原来，清朝统治者的祖先是北方游牧民族，即"胡人"，而胡长龄寓意了清王朝的长盛不衰和个人的高寿，而乾隆帝此时已 79 岁，正向往长寿，所以要借这个名字求个吉兆。嘉庆二十五年的状元陈继昌，本身能力出众，抱病参试还成绩斐然。而考官看到他名字中有"继昌"两个字时，更是认为有"继承康乾治下昌盛"之意，特别建议嘉庆选他为状元。光绪三十年（1904 年），直隶人刘春霖参加殿试，成绩平平，因为他的名字"春霖"是"春雨"之意，再加上他的姓与"留"字相同，恰与慈禧太后希望自己恩泽永垂、流芳百世的心境相合，便将他升为状元。

"成亦萧何，败亦萧何"，也有不少人因为名字而命运坎坷。明嘉靖二十三年（1544 年），会试第一名是吴情，但这名字听起来像是"无情"，无情无义怎么能做状元？于是只好撤换，吴情便做了自己名字的牺牲品。无独有偶，永乐二十二年（1424 年），殿试的结果，状元是孙日恭，榜眼是邢宽。可是发榜时，邢宽成了状元，孙日恭成了第三名。原来，日、恭二字连在一起是"暴"字，永乐帝认为不祥，便让他屈居第三。那么谁做状元呢？永乐帝觉得邢宽这个名字好，"邢"（刑）政宽和，必得人心，于是便让邢宽取而代之。

古代如此，现代亦是如此。在现代社会的生活中，出于种种需要，我们会时时与陌生人交往，而且经常是未见其人、先闻其名。一个有声响、有色彩的好名字，首先就给人一种先入为主的好印象，使人听起来顺耳、看起来顺眼，进而使人对那个尚未谋面的人产生相关的好的联想和好感。中央电视台著名节目主持人王小丫的名字，立意新颖、音韵流畅、造型简洁，极具个性特征和生命活力，人们一听到王小丫这个名字，就会感到新鲜有趣，就很容易联想到一个活泼灵秀、小巧玲珑的女性形象，就难免要对她的“出场”给予特别的关注。而这种大众的关注本身就是一种机遇，也可以说是个人发展的坚实的基石。这就给她发挥才智、口吐玑珠创造了有利的条件。

蜚声中外的国际功夫巨星成龙大哥可以说是改名很成功的明星。成龙的父亲叫房道龙，为了躲避战乱，逃生去了香港。为了隐藏身份，他之后改名陈志平。成龙出生后，陈志平给他起名陈港生；加入京剧班接受功夫培训后，在师傅于占元的安排下，成龙改名为陈元楼，后来又再次改名为陈元龙。那时功夫巨星李小龙英年早逝，整个电影圈非常需要一个功夫明星来接班李小龙，而武功扎实兼具喜剧色彩的成龙成为颇有希望的人选。经纪公司为了包装他，直接让他叫成龙，相比原名，成龙这个名字更为简洁好记，很有特点而且寓意很好，代表了中华民族龙的吉祥寓意和望子成龙的暗示，与成龙风趣幽默的银幕定位也较为和谐。

汪涵原名汪建刚，他曾在一档节目和自己写的书中透露：他原来的名字是爷爷给他取的，这个名字用了 21 年。直到 1995 年，湖南文艺广播电台成立，当时汪涵为了使自己的课余生活更加丰富，同时也为了使钱包到了月底仍然“丰满”，就联合几位室友去应聘客座主持人。当时电台的大牌主持人名字都流行用两个字，如“王平”“洪涛”，而汪建刚这个三个字的名字就没那么好记了。汪涵便打算也改个两字名，起先想的是“汪寒”，因被人指出“太冷了”，又改名“汪涵”。这个名字响亮、好记，发音短促有力，适合电台主持人这个职业。而姓名学家高培淇也在一次节目中评价说，这个名字的形、音都较好。

反之，一个不响亮、不吉顺，甚至不好读、不好记的名字，不会给人留下很好的印象，也就起不到什么正面作用了。

四、好名字助人身心健康

健康是所有一切的基础。没有宝贵的健康，一切都是枉然。纵使你是经天纬地的奇才，一旦丧失健康，也只能是抱着一副病体，因无法施展才华而留下千古遗憾罢了。作为父母亲，都希望自己的子女能够健康地成长，平安一生，至于其他的什么富贵显赫、光宗耀祖，倒成了其次。这种愿望也反映在所取的人名之中。美国的医学家发现姓名和健康是可能相关的。他们在排除了种族、性别、死亡年、社会经济状况以及父母健康情况等可能影响一个人健康的因素之后，得出这样一个结论：父母给孩子起的名字似乎可以影响孩子今后的死亡原因和时间。姓名缩写为贬义者，不仅寿命较短，而且所患疾病的种类也更多，意外发生死亡率高。俄罗斯的有关专家们则认为，新生儿的取名可能会影响其将来生活的各个方面。一些专家提出，名字语音的组合及其引起的振动可能对人的大脑能产生特殊的影响。不同的名字具有不同的语音组合，包括不同的音调和音色。这些因素都可能刺激大脑，影响人的身体机能。严格地说，真正的健康，不仅包括身体的健康，也包括心理的健康。一个人的名字除了能影响身体的健康，也可以影响心理的健康。有专家注意到这样一个情况：孩子的姓与名的协调程度也是父母需要特别考虑到的。父母在为新生儿取名时，应该选择易于发音和记住的名字，那些稀奇古怪的和拗口的名字可能会影响到孩子。另外，有的人为了纪念已故的亲人，就以他/她的名字为孩子取名，也不是一个很恰当的做法。

名字对本人的影响，往往是先影响个体的心理状况和行为，进而影响自我认知和自我认同。对名字满意度低的人有可能出现心理调节能力较差，自尊水平、生活满意度较低的现象。对自己的名字较为满意时，人的各项心理调节指标处于较高水平，表现为对生活满意度高、情绪调节能力好。除了会影响心理调节能力外，拥有令人满意的名字的学生往往自我满意度更高、自我批评更少、人格整合得更好、整体对自我的评价更积极，而且在成就得分上高于对自己名字不满的学生。可能的原因是，古怪的名字常受到贬损和嘲笑，因而影响人格发展。

当名字的性别倾向与性别一致，即男孩取男性化名字、女孩取女性化名字时，容易获得更好的评价；不一致则容易获较差评价。女孩如果取男性化的名字，会对自己造成男性化的暗示，容易失去女性的温柔特性，甚至对其私生活也会产生影响，包括心理问题和性紊乱问题等。有一个女孩子小名叫大壮，全名叫郝壮，很多人都觉得这个豪气冲天的名字是个男孩，没想到是个女孩，所以这个女孩小时候经常被人取笑。她上学的时候，点名册上面的性别还经常被老师误改成男。父母给自己起名的意愿也经常被人胡乱揣测，认为是重男轻女的产物。渐渐地，这个女孩子相信了这些说法，进而影响了生活习惯，她的外形也向自己的名字靠拢了，头发剪得特别短，身体也比较壮一些。相信这些并不是父母所希望看到的。男孩子一般来说都是阳刚的象征，起名字不能太女性化，比如用“柔、淑、珍”之类的女性词汇。如果男宝宝起这种名字，不仅容易在背后受到议论、嘲笑，甚至产生抑郁，更会与身份定位相冲突，导致前途发展不利。

五、好名字培养良好性格

在日常生活中，我们常常会发现这样的情况：不少人似乎偏爱那些和自己姓名有关的事物。比如说，名字叫“雪”字的人会偏爱冬天，名字含有“红”“亮”字的人会偏爱暖色调，而含有“强”“壮”等字眼的人则喜欢运动。名字中带有莉、美、丽、英、欢、芳的女人会注意自己的形象。她们可能会做事情比较认真，追求完美。而名字中带有冰、静、薇、露、梅的女人，会比较温柔体贴，知性优雅。她们可能会比较文静，喜欢安静的环境。名字中带有娜、娟、丹、晶的一些人，相对来说，性格要独立些。她们做事比较雷厉风行，为人处世也显得比同龄人要成熟许多。名字中带有富、鹏、超、贵、伟的人可能会比较吃苦耐劳，他们对自己的人生有着明确的规划，追求上进。名字中带有健、小、凡、康的，性格可能会比较随意。他们对财富没有太大的欲望，觉得过点简单而平淡的日子就好。另有研究发现，名字起得独特、罕见的人，往往个性分明，更容易特立独行，做出“另类”行为的可能性较大，将来也更容易从事一些特别的工作；而名字普通、常见的人则往往性格温和、中规中矩。

父母亲替自己的子女起名字时，常常将自己的期望寄托在其中。不管这种寓意和寄托是有意识的或是无意识的，对于名字的拥有者今后的成长都可能产生一定的影响，而这种影响可以分两个方面来说：一方面是取名者借助与取名寄托心理有关的行为影响名字的主人；另一方面是名字的所有者对自己名字的理解以及周围人群对名字意义的理解，导致他们产生与名字所反映的内涵相应的行为。毫无疑问，如果名字的寓意是积极向上的，则给人能带来愉快的联想，甚至会成为激励人积极进取的动力；反之，如果名字的寓意是消极的，就可能给人带来不愉快的联想，有时还会成为别人嘲弄的笑柄。在人的一生中使用频率很高的姓名，在这个人签字、被叫喊、自己默想名字时，都可能会对这个人的精神意识产生影响。因此，人的名字对本人和他人的心理会直接或间接地起到暗示作用，直至最后真是人如其名了。所以，我们把人的名字称为人生密码，从某种意思上讲并不为过。从这个意义上说，以名字来判断一个人的性格，不失为一个虽然不是十分准确，却也有一定可行性的方法。好名字有画龙点睛的作用，对人生是有所裨益的。人类的意识是性格的内因，是影响人行动的内在动力，也影响着人生。一个人有什么能力、能接受什么托付、承担什么责任、做什么事情，很大程度上取决于他的性格。而正如上文说的那样，人的名字会对他的意识乃至性格，产生一定的影响。可见，姓名和人的性格这对分不开的老搭档共同影响着人生。这就产生了一个姓名和人的性格是否兼容和互为促进的问题。姓名和人的性格相配套、相辅相成，性格为主，姓名为辅，或者说姓名的内涵有利于性格的成长发挥，这对我们的人生是大有好处的。具体来说，除了前文提到的姓名与性格相符外，注意姓名与性格互补，或是不互相产生负面影响也是很重要的。比如说：一个人生性懦弱、凡事消极，那么他改一个带“强”字的名字或是起个有“强”一类字的字号是再好不过了，这个名字或字号可以时时提醒他必须克服自己的懦弱、坚强奋斗；而一个性格过于刚强、好胜的人就要考虑改一个诸如“文哲”这样的名字，这种斯文冷静的名字可以提醒起名者，达到“制衡”的作用。如果起名者本身性格刚烈，再改一个刚烈的名字，这样起名只会鼓励起名者更激进，加速起名者走向是非纷争。在一定程度上，名字还可能影响人的心志。才能大但是名字小，有可能让人自卑，浪费自身才华；才能小但是名字大，则可能让人产生无法实现的梦想，一生壮志难酬。人如其名，姓名从于人性，应该是人生的写照，符合生活和工作的需要。如果一个工程师名字叫“大意”，哪怕他专业知识学得再好，也会让人产生不好的感觉。如果一名政治家起名叫“安逸”，尽管他锐意激进，也会让人一听名字就怀疑是个“太平宰相”式的保守派。看来，好名字必须适合才能对人有所裨益：名字的环境就是人的性格，好名字适合个人，有画龙点睛的作用，名助其人；随便的名字、不适合个人的名字，就像不切题的文章一样，对人的影响不大，是无用的名字，甚至有的名字反而有坏作用。

钟南山院士在中国是家喻户晓的大人物，被誉为国士无双。钟南山这个名字就是一个典型的和性格、志向、成就结合得非常好的名字。“钟南山”这三个字，第一次听的感受就是浩然正气扑面而来，非常有分量感！那么这个名字的来由是什么呢？钟院士出自医学世家，父亲和母亲都是有名的医学专家。他 1936 年 10 月 20 日出生于南京中央医院，当时，南京中心医院位于南京中山以南。钟南山的父亲钟世藩以南山命名，这不仅对应了孩子的出生地，也包含了许多美丽的含义：古人留下了“智者乐水，仁者乐山”“仁者长寿”的名言，山的名字蕴含着仁寿的祝福；同时，巍峨的山、坚定的山、平静的山、宽广的山、雄浑的山，也符合钟世藩心中百折不挠这种精神的象征。钟世藩希望这个名叫“南山”的孩子，像山一样坚强，像山一样可靠，像山一样坚不可摧，像山一样骄傲，像山一样胸怀宽广、志向远大。同时这个名字更有一番阳光而洒脱的诗意——“采菊东篱下，悠然见南山”。钟南山院士用自己一生的付出让这个名字升华到了一个新的高度，2020 年，这位 84 岁的老人，真的如父母所期，活成了一座大山，在 67 岁时指导中国人民抗击非典成功后，84 岁的他又一次站在了新冠抗疫的第一线，并且他牵头实施的防疫措施很快让中国的新冠疫情得以控制和稳定。钟南山这个名字不仅仅成了医学界的一座山，而且也成了中国人民身后的一座可靠的大山！

六、好名字助力事业成功

一个好名字更容易让人记住，所以更容易获得事业上的成功，古今中外无论个人还是企业、品牌概莫能外。

短视频“网红”和直播带货“网红”是这几年兴起的产物。拥有一个独特、有内涵的名字，同样会让网络红人更容易脱颖而出成为焦点。这里不得不提到的一个人，就是“网红”李子柒。李子柒本名李佳佳，这是一个普通而现代化的名字，李子柒是她为了打造、弘扬中国风、中国文化的短视频账号专门起的艺名。“子柒”这个名字越读越有味道，古风古韵，仙气十足。那么“子柒”二字又有什么内涵？我们可以从两个层面来解读它。第一个，“子”在古代是对人的尊称，用于称呼老师或称呼有道德、有学问的人，比如孔子、孟子、韩非子等。而视频里的李子柒几乎精通各种农耕劳作、工艺手艺以及美食制作，显得非常的有学问和贤惠。柒是大写的七，七这个数字蕴含了很多含义：一周有七天，彩虹的色谱里面有七种颜色，乐谱里面有七个音符。生意经相当不错的温州人喜欢七甚至超过八，因为他们信奉“七上八下”；七代表“七翘”，寓意着上进。从第二个层面解析“子柒”，“子”有子月的意思，指的是冬季。而这个时间，在节气表中代表性的节气时间段是大雪和小寒，而“柒”作为大写的七，有一种明显的古雅感。换言之，“子柒”这个名字不仅带有浓浓的古韵，而且本身就是一幅非常静雅的风景画卷。这个名字不仅是一首朗朗上口的古诗，而且还是一幅美轮美奂的古画。李子柒这个网名让她在众多网红中显得那么特别，加上她自己过硬的实力和国际上对中国风追捧的大背景，她的火就成了必然。

个人如此，企业和品牌更是如此。好名字是企业、公司、店铺的金字招牌。那些声名显赫的著名企业和叱咤风云的驰名品牌大多都有一个响当当的名字。好的商名是企业或商品的代码，向世人传递着它的文化、品位和精神。首先，好名字有利于商家为自己的商品打开销路，产生“名牌效应”。马云创立的阿里巴巴公司在短短20年时间里成长为世界顶尖的互联网高科技企业，和阿里巴巴这个响当当的国际化名字有着重要的关系。最初创立阿里巴巴的时候，虽然创业启动资金很少，但眼光长远的马云还是将公司定位为全球公司，因而他觉得公司名字也应该是响亮的、国际化的，最好是全世界的人都家喻户晓的，这样可以借力传播，省去大量的广告费用。为了注册一个好的名字，马云思索了很久。马云自己回忆说，成立阿里巴巴之前，他一直为取公司名字发愁。有一天，他在旧金山的一家餐馆用餐时突发奇想，想到了阿里巴巴这个名字。他问女服务员："你知道阿里巴巴吗?"女服务员回答说："知道呀。"马云又问她："什么意思呢?"女服务员脱口而出："芝麻开门。"随后，马云又问了十几个不相识的美国人，他们全都知道四十大盗和芝麻开门的故事，并且不论语种，发音也近乎一致。"从我外婆到我儿子，他们都读阿里巴巴。"就这样，一锤定音，马云将"阿里巴巴"确定为公司的名字。当马云兴高采烈地去注册域名时，却被告知"阿里巴巴"域名已被一个加拿大人买下了。但是，马云认准了这个域名将来会流传全世界，所以他并没有放弃努力，而是在当时的启动资金 50 万元中，拿出了 1 万美元从那个加拿大人手中买回了阿里巴巴的域名。虽然代价不菲，但是如今看来真的太值了！阿里巴巴 2020 年的品牌价值为 1 532 亿美元，是中国最有价值的品牌之一。这个好记好懂的名字，显然也做出了自己的一份贡献。

再来说个反面的例子。1998 年，深圳机场定名为黄田国际机场，可随后不久就发现不少到深圳的乘客、特别是台湾和福建的乘客不愿意到该机场来，而是舍近求远地在香港或广州白云国际机场乘机或降落。经调查才知道，原来"黄田"在闽南语中与"黄泉"谐音，乘客当然不愿意去"黄泉"机场，这名字要多不吉利就有多不吉利！2001 年 1 月，深圳黄田国际机场更名为深圳宝安国际机场。"宝安"与"保安"谐音，有"保护平安"之意。更名后，深圳宝安国际机场接待的乘客明显增多。从以上案例可以看出，品牌名给人的联想是好是坏，直接影响其销售量和发展。

有的企业深谙品牌起名之道，知道如何将产品特点巧妙地用两到三个字的品牌名来概括，通过铺天盖地的广告在消费者心目中留下深刻的印象，像一个个钉子打进了消费者的脑海中，让消费者一有这方面的需求，就会迅速地想起这个品牌，进而产生购买的行为。这样的企业往往不仅赚得盆满钵满，还备受消费者推崇。在这之中不得不提到一个明星级的公司，它旗下的品牌名个个响亮而且深入人心，这个公司就是宝洁。宝洁公司的洗发水品牌可谓是个个叫好叫座。"飘柔"这个名称相信大部分国人都耳熟能详，飘柔意即"飘逸柔顺"，而这也是"飘柔"着力营造的产品定位。电视上，我们经常看到的洗发水广告，是一位青春靓丽的女郎，披着一头如瀑的黑发，轻轻转身，黑发如扇面一般打开，闪现出一种健康的光泽。这大概就是"飘柔"想带给人们的洗发效果。"飘柔"洗发水的名称和功效定位高度匹配，是一个非常不错、让人一听难忘的名字。如雷贯耳的"海飞丝"也是宝洁公司的拳头产品，它是洗发水品牌中第一批打出"去屑"口号的，它"去屑"的功能也早已在人们心中根深蒂固。"海飞丝"带给人的联想则是：一头青丝，随意飞扬，又如大海波浪一般柔顺起伏。而且"海"和"飞"两个字使这个名字本身带有一点中性，无论男性还是女性都适合使用。这一点比起名称女性化的"飘柔"，明显能带来在性

别上更广泛的用户基础。“潘婷”也是宝洁公司旗下的洗发水品牌，乍一听，还以为是一位潘姓邻家女孩的名字。没错，“潘婷”定位的消费人群就是都市年轻职业女性。如果说“海飞丝”和“飘柔”已经家喻户晓，使用的人群太广，不能满足人们“个性化”的需要，那么“潘婷”则是对都市年轻白领女性细分市场的进一步占领，它抓住了都市职业女性的心理特点：她们往往有自己独特的审美眼光，选择产品的时候甚至有一点点挑剔。她们很在意发型的打理、头发的健康。所以潘婷的广告和包装上，常常是一位妙龄女郎，披着如瀑的黑发，年轻靓丽、时尚现代，非常符合消费人群的形象特点。潘婷提出的营养养发的理念，也特别受都市年轻白领的欢迎。“沙宣”这个品牌则是宝洁公司旗下洗发水品牌的后起之秀。你还记得“沙宣”的广告吗？宝洁公司请国际美发专家维达·沙宣作为自己的品牌代言人，并以他的名字作为产品品牌。一方面，这样做可以借维达·沙宣的知名度，提升“沙宣”产品本身的知名度；另一方面，因为维达·沙宣美发专家的身份，这个名字有助于树立产品“专业洗发、护发”的形象。第三，“沙宣”这个名字本身也是音译过来的，本身并没有什么内涵，但自带一种欧美大牌的高级感。确实，沙宣一直定位于专业美发护发，属于比较高端的洗发水品牌，所以其价格也比宝洁公司其他的洗发水产品要高不少。说到这里很多人肯定会惊叹，原来这么多洗发水品牌都出自一个公司之手，宝洁公司真是多品牌运营的典范！这还只是在洗发水市场，在其他日化市场，宝洁公司也遍地开花、硕果累累：有让人像玉兰一样青春靓丽有活力的化妆品品牌——“玉兰油”；有能够帮助宝宝获得舒适感受的尿不湿——“帮宝适”；有把女孩子当宝贝一样精心护理，让她舒服地度过月经周期的卫生巾品牌——“护舒宝”；有让皮肤避免干涩、粗糙，还能强力抑制病菌在皮肤滋生，对皮肤又“舒”又“佳”的香皂——“舒肤佳”；有强力去除掉衣服上的油渍污渍、各种顽渍的洗衣粉——“汰渍”。你不得不佩服宝洁公司给品牌起个好名字和打造好产品的能力，这也是为什么宝洁能常年跻身全球日化行业龙头并立于不败之地的原因。

读到这里，很多读者可能会说，这些都是大的公司，它们本来就有实力，哪怕名字没那么好记也照样有人买单。那么下面给大家介绍两个成功的品牌，他们初创时也不过是几个人的小作坊，是好名字＋好产品迅速走向成功的典范。第一个品牌是“御泥坊”，作为近些年来电商渠道面膜知名品牌，御泥坊的成长速度惊人，从成立到成为电商面膜知名产品仅用了5年时间，让资本市场叹为观止。御泥坊这个名字是怎么来的呢？相传清光绪年间，在有着1 500年历史的湘西边陲小镇上，那里的居民们一直保留着一种奇特的“祭泥仪式”：每当开春时节，他们都要燃起篝火，载歌载舞，在唱唱跳跳的同时，往脸上、身上涂抹一种神秘的泥块。据说，这样可以辟邪祛病、美容养颜。以这种神秘泥块为原料生产的护肤品颇受妇女欢迎，并逐级进贡朝廷，成为宫中养颜圣品，被封为“御泥”。“御泥”取意为以前的“皇家专享美容泥浆”，“坊”字含意“纯正物理手工提取，含有独特秘传的加工工艺”，这一名称正是御泥坊产品丰富的历史内涵、神奇的护肤功效、独特的加工工艺的直接写照。现在的御泥坊 CEO 戴跃锋当时其实和御泥坊没有太大关系，但是独具慧眼的他看到了御泥坊这个产品的独特性和前景，很快说服了邵阳隆回的御泥坊加工厂，成为它的网络销售总代理。戴跃锋对营销很有一套，他深度挖掘了御泥坊的历史故事和内涵，将御泥的稀缺性和功效通过电商平台传播和客户体验迅速放大，让御泥坊这个籍籍无名的面膜小众品牌一跃成为电商面膜名牌！这让人感叹，一个好产品加一个好名字的真是威力无穷。

好名字也有利于商家用自己已打响的名牌来带动其他相关产品的销售。人们普遍有这样一种心理：凡是著名公司生产的产品，即使不是主打商品，同样也会是好产品。这里不得不提到中国近十年出现的一个现象级公司——小米科技公司。小米这个名字起得也颇费周折，当时公司初创团队开会的地点是五道口的逐鹿茶馆，里面有一个厅叫玄德厅，就有人提议公司名曰“玄德”。虽然很中国化，但雷军感觉听着不像是科技公司的名字，于是想到“红星”这两个字，大家一致觉得这名字不错，取意“红星照耀中国”。但最后这个名字还是作罢了，因为工商局告诉他们一个让人哭笑不得的原因：“红星是二锅头的名字，而且是驰名商标，别的品类也不能注册！”后来团队琢磨了很久，终于决定起名“小米”：一方面小米是老百姓的食物，大家都需要它，听起来亲民；另一方面，“MI”是“Mobile internet”的缩写，寓意着小米是一家互联网公司。这个名字非常贴合小米企业的初衷：让每个人都感受到互联网的便利和科技的乐趣。小米最初几年依靠网络销售，以成本价销售具有竞争力的智能手机。后来小米切换经营策略，将自身定位为智能家居设备制造商、不依靠硬件利润的“互联网公司”。很多用过小米手机的用户，对小米的质量和极致性价比非常认同，会继续购买小米的电视、小米的充电宝、小米的智能手环以及小米的空气净化器等。如今小米电视市场占有率极为可观。

七、好名字有助美满姻缘

名字是社交的名片，也是异性接触时会第一时间体验到的一种信息，这种信息会和外貌、谈吐、品位等一起成为第一印象。这个第一印象越好，男女双方进一步发展的可能性就越大。

司马相如是西汉大才子，他名字中的“相”取“吉人天相”之意，“如”

则蕴涵“吉祥如意”的意思。虽然有一段时间他穷困潦倒，但这段穷困的生活反而促成了他的美满婚姻，也给后人留下一段千古佳话：一个偶然的机会，他到一个富商家里赴宴，无意中看见主人国色天香的女儿——卓文君。后来，他用一曲《凤求凰》打动了卓文君的芳心，卓文君对司马相如的才华非常仰慕，两人夜半私奔、终成眷属。

笔者曾经帮一个朋友的儿子起名字，因为给宝宝起名字需要一些基本信息，在看到这个朋友和她爱人的名字后，笔者不禁惊叹起来！原来，她本人叫潘妍，先生叫潘登。一个攀岩（潘妍谐音），一个攀登，天哪！这两个名字真是天造地设的一对啊！后来这个朋友和我聊天时透露了她这份姻缘的来龙去脉。原来她和老公是同学，高中的时候，本来她对老公并没有特别的感觉，但是她老公对她情有独钟，并不断地展开攻势，后来同学们发现他们俩的名字太登对了，于是也一边倒地撮合他们。从那之后，她开始认真地观察这个男孩子并有了好感，也认定他们俩就是上天安排好的一对，连名字都如此地搭配，最后便顺理成章地成为恋人并喜结连理。由此可见，一个人的名字对姻缘的影响真的不容小视！

女孩以阴柔为美，柔美的名字容易让人一听就联想到一位楚楚动人的女子，对女孩的婚姻感情运势会起到正面的影响。反之，如果女孩名字用字或者寓意比较阳刚甚至男性化的话，给人产生的第一印象则可能有些与真人不符。比方说国、炜、钢、刚、强、彪、虎、杰之类的字，历来都是阳刚的象征，如果用在女孩的名字中，一方面难免让人觉得奇怪，另一方面也会对女孩的性格产生一定的影响，甚至影响到她的行为处事方式，在婚姻上恐怕不会有什么正面作用。

在美国，有人曾经做过这样一个试验：把30位年轻姑娘的照片拿去让男大学生们去做评语，然后在照片上标上名字，再拿去让这些大学生重新去做评语。结果，那些名字动听的姑娘的评语好上加好，原来评价不错的姑娘的评语因名字不好而有所降低。同样，在我国，给年轻人介绍对象时，假如有两对男女的名字分别是张明硕、王宝才、夏诗怡、赵桂香，在各种条件大致相同的情况下让其他人根据名字挑选对象。那么，男性首先被选中的大多是张明硕，女性被选中的大多是夏诗怡。这其中的原因，当然是他（她）拥有一个更为典雅的名字。从上面的两个例子我们可以看出，一个人给他人的第一印象会受到他的名字的影响，进而间接地影响到别人对他的再认识。在中国，这种影响要更加明显一些，因为汉字较其他的文字具有更为丰富的含义和多变的音节、音调。所以，当我们第一次听到或是看到某个人的名字时，就会联想、猜测这个名字的主人拥有怎样的性格和品德。这样的事情在我们的实际生活中是经常发生的，可能我们根本就没有见过某个人，甚至没有听说过，但是根据他的名字就会对他产生一个大概的印象。因为我们的汉字虽然是抽象的，但是在经过长久的历史积淀以后，它们被赋予了非常丰富的含义，我们根据个人的生活经历和体验，很容易把一个人同他的名字所蕴涵的东西联系在一起。所以，好的名字能够让人有更好的异性缘，也是有可能的。

第三章 起名其实大有讲究

一、姓名统一，浑然天成

姓和名是一体的，起名字一定要注意姓和名的搭配。

有个很经典的例子：有位著名的豫剧演员叫牛得草，他原名牛俊国。一位名叫李春芳的老戏迷，是清末的秀才。李老人对牛俊国说："你姓牛，何不叫牛得草呢？牛儿得了草，负重前行，辛勤耕作，韧劲无穷。"牛俊国听了觉得有道理，于是用了牛得草这个创意十足的名字。后来，李先生还为他取了字和号：字为料足，号为饮水。牛得草，牛料足，牛饮水——草、料、水三者俱得，可谓前途无量。这个艺名既统一又有特色，为牛得草的事业提供了很大帮助。

那么，究竟姓和名如何搭配才能统一呢？关键是要注意两个基本原则：一个是姓和名的字面含义的搭配，另一个是姓和名谐音的搭配。

1. 把姓和名按字面含义搭配，浑然成一体 我们都希望自己的名字能表达出好的含义来，除了使用吉利字等方法外，让姓和名因为含义上的搭配而产生特殊的效果，也是起一个好名字的重要方法。具体来说，从姓名字面含义搭配这个角度，又有如下 4 种具体起名方法：

（1）姓和名的组合呈现出寓意。比如，两个字的名字有唐诗、田野、许诺、舒畅、成龙等；三个字的有叶知秋、花无缺（小说人物名）、高赛阳、马识途、邱意浓、林隐鹤、江疏影、常胜军等。这些名字要么本来就是一个词语，要么取自一个成语，如叶知秋取自一叶知秋、马识途取自老马识途；还有的运用了姓的含义营造意境来起名，如花无缺、林隐鹤、邱意浓、江疏影。这些名字浑然一体，容易记忆，美感十足，过目难忘。

（2）利用名与姓的字变形出来的字来组合取名。比如，姓田，先搭配一个力字，寓意动力十足、行动力强，又因为田和力构成了男字，故取名为"田力男"，这样的名字视觉冲击感十足、辨识度很高，让人印象深刻。类似的名字还有石开研、林夕梦、白水泉、王日旺等。

（3）利用与姓含义相近的字起名。比如浙江电视台著名主持人朱丹，朱和丹都有红色的意思，加在一起红上加红。类似的名字还有雄霸（小说人物名），柏松，梁栋，庞大，王冠，甘甜，江海洋等。

（4）利用与姓相反含义的字来起名。根据姓的字面意思，取名时故意用其反意来选字，往往能给人强烈的冲突感，从而给人留下深刻的印象。如赖守信，赖其实有赖皮、不讲诚信的意思，与守信这个词是对立的，这个名字把赖和守信连在一起，既有寓意又有期望，是个构思巧妙的好名字。再如黄水清，黄河给人以浑浊的印象，一个“清”字，表达了对美好前景的向往。类似的名字还有夏冬，曲正，贾真等。

2. 把姓和名按谐音搭配，弦外有妙音　谐音搭配对于姓名统一来说也很重要，好的谐音能让人心情愉快，不好的谐音则容易让人尴尬。选择谐音字起名时，应该考虑周密。

很多人遇到过这种名字：看起来寓意很好，可是听起来就容易让人联想到一些寓意不好的谐音，造成尴尬。笔者在帮客户起名的时候曾遇到一些改名字的案例：妈妈给女儿起名叫杨佳楠，乍一听感觉挺好听的，寓意也不错，但是妈妈反映说这个名字在后续使用过程中，因为谐音“杨家难”，感觉很别扭，所以想改个名字。还有一个客户给孩子起名叫“姚培谦”，从字面上看，父母是希望孩子可以“努力培养自己谦虚的品德”，可是谐音却成了“要赔钱”。还有一个朋友，父母都是成功的商人，给孩子起名叫“何商”，希望孩子以后在商界有所发展。可是孩子的同学却经常取笑他，说他是“和尚”，要去寺庙。时间一长，孩子就慢慢变得害怕与别人交流了，性格也变得内向起来。由此可见不良谐音可以改变一个人的性格，导致社交障碍。谐音不佳还有可能会影响个人际遇，历史上不乏其人。相传，明朝的锦衣卫指挥使宋忠，就因为其名字谐音“送终”，错失姻缘。他在韩国公李善长卧病在床之际，上门求亲，希望成为李的女婿；听闻他的名字，李善长大怒：我正病着，你来送终，真是不安好心，将其逐出府门。更可悲的是，之后宋忠在大战时死于阵前，人们说他是为自己送终了。清朝的王国钧，因为谐音“亡国君”，硬是被慈禧太后取消了状元资格，降职使用，郁郁终老。

具体来说，姓名的谐音搭配，有两个方面是一定要特别注意的：避开不良谐音和利用谐音生义。

3. 避开不良谐音　汉字的特性决定了它有很多多音字，这意味着在取名的时候容易出现不好的谐音。想要避免不良谐音，就要多花些时间推敲，直至找不出不好的谐音为止。

有一些姓，本身就容易让人想到不好的意思和发音，所以起名字要更加小心谨慎。

如吴、伍，有谐音“无”；莫，本身就有不要的意思；贾，有谐音“假”。所以这三个姓，起名的时候要注意，起出来的名字不要被理解成相反的意思。

苟谐音“狗”，史谐音“屎”，类似这样谐音寓意不好的姓，要尽量引进一些不易被误解的组合，弱化姓氏带来的不良谐音影响，如苟廷辉、史俊枫等。

4. 利用谐音生义 既然不良谐音要避免，那么反过来，我们是不是可以利用谐音来起一些好名字呢？答案当然是肯定的。如庞博这个名字，除了寓意宝宝博学多才以外，还谐音“磅礴”，加持了气势恢宏的含义，让这个名字更加如雷贯耳。潘岳这个名字，谐音“攀越”，寓意攀越高峰、奋斗不息。程钢，谐音“成钢”，寓意百炼成钢，成为栋梁之材。

那么，怎样运用谐音产生的良好含义来起名呢？有三个方向可以考虑：

（1）用姓的谐音来起名字。比如：刘青山，刘谐音“留”，取自“留得青山在，不怕没柴烧”。于得水，于谐音“鱼”，取自成语“如鱼得水”。邢成思，邢谐音“行”，取自成语“行成于思”。郑清源，郑谐音“正”，取自成语“正本清源”。何之洲，何谐音“河”，取自“在河之洲”。最经典的还要数江不凡这个名字，江谐音“将”，“将不凡”寓意孩子将来会不同凡响，通过谐音把毫不相关的字巧妙地联系在一起，让人拍案叫绝。

（2）用名的谐音来起名字。比如：张艾唐，艾谐音“爱”，寓意父母的爱情天长地久。武筝鸣，筝谐音“争”，取自百家争鸣，配上武这个姓，显得更加有上进心，同时这个筝字含蓄中又增添了“风筝”带来的轻松快乐之感。

我们拿2020年热播的电视剧《三十而已》来举例，导演深得谐音起名之道，运用得炉火纯青。男主角许幻山，幻山谐音“换衫”，暗示他会出轨。女主角之一的漫妮，谐音英文“money”（钱），暗示其是一个致力于追逐金钱的拜金女子。而另一个女主角顾佳，谐音“顾家”，暗示其是一个非常顾家、温柔宽厚的女子。

（3）姓和名都用谐音来起名字。比如上文提到的庞博，再比如陈醉，“醉”这个字为喝多酒后的迷糊状态，形象点说，就是“烂醉如泥”，给人一种酒鬼的不悦之感，在一般情况下谁也不想以此字为名。然而当“醉”字与“陈”姓结合在一起，谐音“沉醉”，寓意专注某事而自我陶醉，则显得独特而耐人寻味。又如蒋调理，用调理二字做名字寓意自我修行、自我精进、自我完善，同时整个名字谐音“讲条理”，给人稳重却耳目一新的感觉。再比如盛立来这个名字，本意指盛世立马到来，寓意富贵吉祥，而盛立来还可以谐音“胜利来”，又多了王者凯旋的喜悦之感。

二、音、形、义三朵花，朵朵不能差

（一）好名字要读音铿锵洪亮

每个人的姓名虽然只是几个文字的组合体，但由于中国文字的繁多绮丽，所以好的名字就带有一种悦耳醉心的旋律美，具有曲线叠合的音响效果。利用读音优势起一个好听响亮的名字，是一种技巧，名字起得富有乐感，就能叫得上口、听得清楚，反之则不能很好地实现交往功能。因此，在起名时，名字除了要好认外，还要符合中国汉字的发音规律，也就是要读起来上口，不能跟绕口令似的。一般来说，两个字的名字，如果前面的字是上声或去声，后面的字就应该是平声。三个字的名字对语音的要求就更高一点，如果四声安排得不好，读起来就不顺。比如三个字都用上声，如沈海埂，读起来就别扭，好像不能一口气读完似的。三个字都用去声也不好，如宋兆盛，读音不好听，不如叫宋兆年好听，因为年是平声。名字在读音上的具体细节包括：

1. 避免姓和名声母和韵母相同 例如“汪”（wāng）是由“乌”（w）“昂”（ang）所拼写成的，取名时不宜为“汪文威”（wāng wén wēi），因为三个字的声母相同，读起来很不顺口。“包伯帮”也犯了同样的毛病。如果将两个名字互换一字，改成“汪伯威”和“包文帮”或“汪文帮”和“包伯威”，便动听得多了。相邻两字的声母尽量避免相同，读起来才上口。同样的，韵母也要注意这个问题。韵母是指一个汉字的音节除声母外其余的音素。在起名时，如果名字的韵母相同，读起来也不会响亮。如“张广旺”（韵母都是ang)，这个名字读起来就不太好听，又如“于玉渠”等也是典型的例子。如果声母相同，韵母再相近，那么这个名字读起来会更费劲，比如南尼兰、孙存春这样的名字会很拗口。要想名字响亮，选择韵母很关键，选择含后鼻音的韵母，名字读起来会很响亮，如良、昂、光、鹏、东等。注意了声母韵母，名字读起来才顺口，听起来也更悦耳。

2. 避免姓名的字音与不雅之词谐音 名字读起来要清晰、明亮、顺口，不要读起来死气沉沉，甚至拗口。尤其不要起谐音不雅的名字。有些人的名字，表面上看非常高雅，但由于读起来会与另外一些不雅的词句声音相同或相似，便很容易引起人们的嘲弄和戏谑，成为人们开玩笑的谈资。这种词语可分为两类：

（1）生活中某些熟语。例如卢辉、朱石、陶华韵等名，看字义都很文雅，但容易在口语里读成炉灰、猪屎、桃花运等。

（2）贬义词。例如李思、韩渊、史诗等名，看字义都很文雅，但容易在口语里读成你死、喊冤、死尸等。

3. 避免姓名的平仄声相同 尽管名字只有几个字，但声调的作用却不容忽视，也就是说平仄声不能相同。现代汉语已不讲平仄，而是以四声论之，所谓四声是指阴平、阳平、上声、去声。例如柳景选三个字全是上声，读起来很绕口，便不如柳敬官好听。张书襄都是阴平声，便不如张叔向好听。纪仲宪都是去声，不如纪忠贤好听。

（二）好名字要字形赏心悦目

名字是人们相互交往的一个重要工具，而且在很多场合，往往影响给人的第一印象。有的字眼给人很庸俗、浮浅直露的感觉，比如“财旺”“大富”“双喜”“柱子”“富贵”“翠姑”等，显得有些土里土气的。名字不同于乳名，是要报请户籍机关登记的法定本名，要用一辈子，以后除非符合相关规定外，名字一般是不准随意改动的。因此，给孩子起名一定要慎重，以免将来改名麻烦。人们不大容易把“大妞”与时髦、聪慧的现代知识女性连在一起，也不会把“慧智”与一个目不识丁的人视为一体。不过，太“土”的名字，在文学意义上也有大俗即是大雅的表现，譬如我国青年诗人王小妮，有俗中见雅的效果。这种对起名文化的高层次的把握，需要深厚的知识底蕴。在起名时，要注意选择字形，姓与名的字形要配合适当，笔画不要差距过多，不要选择笔画繁多、难以书写的字。还要尽量避免相同的偏旁、部首，以免给人以重复单调感。有的人愿意用与自己姓氏相同的部首偏旁的字起名，如江海洋、王玉全等，这种名字就存在这个问题。字的长短肥瘦、强弱虚实也是个需要考虑的内容。天性柔弱之人要采用阳刚之字为名，性格激烈的人也不妨以阴柔之字为名，这点我们在前文已讲过了。但字的字形也应符合这个原理，比如思虑繁多之人不宜取过度复杂之名。

（三）好名字要蕴意明朗典雅

名字要有意义，表达一定的思想。起名字之前，先要确定准备在名字中寄寓什么想法。在一般情况下，有些人往往把这个问题考虑得过于简单，无论雅俗，总在康、福、仁、显、智的概念下徘徊，然后选定一个符合该意思的词来起名。其实，命名之前的立意并非一件简单的事情。在实际起名的时候，往往有几种立意在脑中盘旋，还会互相交叉缠绕，令人拿不定主意。把什么意思寄寓到名字之中，往往因人而异，但也有相同的。如果不假思索、贪图省事，从现成的字、词中拾捡，结果往往不是言不达意就是平淡无奇。立意就是构思，要把灵感汇成语言，并非一件易事。不同的社会地位、不同的思想观点、不同的文化程度、不同的生活经历、不同的经济条件、不同的家庭成员和社会关系等，都会构成不同的立意方向。书香人家，多望子女学业成就；风云人物，多望子女胸怀大志；治业经商之家，多望子女一帆风顺……各人观点不同，对子女的期许也不同，立意也迥然各异。这里谈“立意”，并非欲代人立意，而是从实用角度谈谈立意应注意的问题。人们给子女命名时的一大毛病是重意而不重字，“涛”“丽”“大伟”“小敏”“小华”等名比比皆是，甚至一些俚俗的乳名也被当作“正名”使用。乳名亦称小名，父母为称呼方便而起，多含亲昵之情（如芳芳、小妮等）；有的父母爱之过度，亲昵之词不尽表达爱意，或因文化程度低而讨吉利的，竟以反词呼之，如狗剩、肥仔、小蛋等，甚至还有近似绰号的更粗俗的小名。乳名一般使用时间较短，成年以后多不再用，即使仍使用，也局限在一定范围以内。然而，学名一确定下来，多需使用一生，所以应当庄重。用太俗的字词，如“富”“财”“有顺”等，容易使人产生缺乏深厚家教背景的第一印象，即使成为学者硕士，也难免遭人嘲谑；倘若考学或就业，起码在名单上给主考的印象分会大打折扣。正因如此，父母在给子女起名时，决不能只顾含义而忽视措辞用字。感情的表达需要知识、修养和一定的表达方式。好的表达方式并非直来直去，而要深挚、委婉，让人觉得像诗句那样值得回味。例如，有人为女儿起名“红武”，取“不爱红装爱武装”之意，其父却觉得孙女名字不好，乃苦思数日，将“红武”改为“丹戎”，显出女性感，又未篡原意。再如“神章”二字，意虽好，但叫起来不免滑稽，而改为“少惠”则名生华彩。可见，虽是同样的立意，正确地表达也至关重要。在用字方面，既可用粗犷、豪放、刚健、质朴之字，也可选择优雅、清新、缠绵、精巧之字。字本身是死的，如何使用这些字却在人为，所以在立意之后，能否正确选择用字也是命名是否成功的关键。有的人给孩子起名字，不讲究含义，这无可厚非；可有时因为不讲究，却会造成名字的含义不妥。比如有个人姓段，他的爱人姓薪，他就给孩子取名段薪。段薪就容易让人误解为断了薪水或柴草。另外，不但在字义上不能有歧义，语音上也不能有歧义。为了给人一个好的印象，在根据姓氏起名时应回避姓名所引起的反面意思。下面将常见姓氏进行分类逐一讨论。

1. 意义明确型 例如王、陈、周、徐、孙、高、何、郭、罗、谢、萧、程、傅、丁、余、戴、夏、姜、范、方、陆、孔、崔、康、史、顾、万、段、汤、黎、易、常、武、乔、贺、赖、文等。其中王、孙、罗、郭、谢、萧、傅、姜、段、易、赖等姓起名时通常借用姓氏的语义。

2. 语意不具体、不明确、不易把握型 例如胡、唐、曹、袁、邓、许、曾、彭、吕、苏、卢、蒋、魏、阎、杜、行、寥、邹、邱、侯、郡、尹等。

3. 形象具体、鲜明型 例如李、张、杨、黄、朱、林、马、叶、钟、海、汪、田、牛、石、熊、金、钮、粟、白、毛、江、龙、雷、钱等。其中的“毛”“熊”等姓，通常不按其形象起名字。

4. 起名时可以用谐音转化意义型 例如刘—留、流，宋—送、颂，赵—照、兆、罩，吴—无、毋、梧，梁—粱、良、凉，冯—逢，于—鱼、余、娱，沈—沉，贾—甲、价、假，潘—盼、攀，姚—遥、摇，谭—谈、弹，郝—好，秦—勤、擒，孟—梦，薛—雪、学，郑—正、诤，韩—寒、含，龚—共等。这些姓氏的谐音和转化意义往往灵活多变、丰富多彩，我们可以根据需要、兴趣进行选择。不过，谐音型姓氏的构词能力一般，而且它们的实际使用意义、转化意义往往具有不稳定性。有时用谐音转化意义，有时又用本义或另一种谐音转化意义。使用时应该把握姓氏特点，不要太死板。例如，梁丰，显然是取谐音“梁”或“粮”，有粮食丰收之意；而“梁之栋”的“梁”，是取其本义，是“栋梁”之“梁”；梁家民，则显然是取“梁”的另一个谐音“良”，有“良家百姓”之意。又如吴垠，是以“吴”为“无”，取“一望无垠”之意；吴忘，是以吴为“毋”，意为“毋忘我”。这类姓氏在起名字时有很强的随意性，所以要力求表意明确，容易出现歧义的字最好不用，以免带来混乱。语意不明确型的姓氏，一般只用一个音节与后面的名字相配合，三个字的姓名实际上只有两个字的意义，内容显然简单，起名字时的构思也相对容易些。不过，这类姓氏，有时候也会显示出一定的语意，可以充分加以利用，例如胡、董、彭、杜、贾等姓氏。“胡风”的“胡”姓就有一定的构词能力，“胡”指塞外、边疆一带古时的少数民族，后泛指北方，因而“胡风”一名就有了北风、朔风之意，又因“胡马依北风”之典而意丰。“董民声”的“董”姓，则取“懂”之义。好名字要考虑好记、好用，一个人的名字是经常被人叫、被人看的，能做到使自己的名字让人易记、好记是很重要的，如果能做到让人过目不忘、过耳不忘那就是最理想的效果了。当然，名字让人产生歧义，当作笑话而被记住，甚至过目不忘，这种适得其反的结果是我们一定要防止的。好名字，往往是那些比较文雅、富有意义的名字。这样的名字，往往姓名搭配和谐，并表达了某种积极意义，或者是借用典故成语，传递了一种意境；或者是借用名人、古人名字而改造得宜。例如“刘畅”，谐“流畅”音而表意；又如“唐前燕”，取“旧时王谢堂前燕”的诗句谐音表意；再如“华而实”，改“华而不实”的成语表其反意；“李如白”，借大诗人李白的名字表“如李白”之意。这些名字就达到既有雅意又好记的效果。

5. 不讲究字义，读来就没有意义 注重字义，是中国人起名的传统习俗。换句话说，在习俗上，中国人主要是根据字义来起名，即根据各自不同的审美观念，根据不同的愿望、追求，根据不同的性格、爱好，起一个文字意义很好的名字。这就是说，讲究字义是起个好名字的起码要求。有的名字不是经过深思熟虑、反复推敲、精心选字组词创造出来的，而是随意找几个字凑起来的，这种“杂凑”的名字像个“拼盘”，它有如下特征：第一，中心意思不明确；第二，字词的搭配不和谐；第三，字词之间存在着矛盾与混乱现象。这些是“杂凑”字起名的通病。用“杂凑”的方法起名，是极不认真、严肃的，其效果自然不会好。起名字，要多用些精力和时间，认真对待、反复推敲才可能取得良好的效果。通常我们所说的起名用字含义要明朗，意思是说要通俗易懂，让人一看便知道是什么含义，并非说起名用字可以粗俗不堪。例如为孩子起名“志坚”，意思自然是希望孩子将来的意志要坚强，做一个有主见、有魄力的人。如果为孩子起名“秀丽”，也是希望孩子长得清秀美丽，将来成为一个端庄稳重的女性。所谓名字的字义，包括两个方面。首先是名字的本意，即实实在在的含意。这种含意大多包含着起名者对被起名者的希望、祝愿，也可能包含起名者的个性特征和爱好；另一方面，名字的字义还包括寓意，即借其他事物以寄托本意。概括来说，以字义起名时，应注意以下两点。

（1）不要起太俗气的名字。名字是人们彼此交往的工具，在很多场合往往会构成给人的第一印象。正因为这样，起名用字应尽量避免太俗气、太直白的字和字义。造成直白的原因主要有以下几个：①单字名，与姓组合成一个常用词或词组，只表达单一的内容，如黄山、满月、龙门、方法、正宗、陈著、罗汉、金刚等。②双字名，名字构成的词组只表达一个浅显、简单的意思，内容仍然没有摆脱单一性，如方向明、张敬礼、陈建设、邓卫生、王小姝、徐阿二、何大桥、朱卫星等。③有些人把起名看得很随便，喜欢用现成的字词，如因姓高则起名高山、高原、高峰、高潮、高明、高兴等，易显直白。④有些人把起名看得像排队买东西一样，认为抢手的就是好的，于是就有了丁冰、方冰、李冰、朱冰、徐冰、韩冰，白云、朱云、黄云、唐云、龙云等。⑤有些人缺乏应有的常识，起的名字很不合时宜，如莫鬼、白迟、朱投等。要克服直白的毛病，就必须让名字的语义多元化，即有多向性或多维性，还要使构成名字的词语结构复杂化，或将姓氏也参与到组词中，最好能每个字各自成词，每个字代表的意思都不相同，构成多层关系。

（2）要顾及姓与名在字义上的组合。起名要注重字义。这里并不仅要求注重名的字义，实际上还有一个姓与名在字义上的组合问题。例如“白如冰”这个名字，就是姓与名在字义上的极佳组合。作为一个姓，“白”这个字并没有什么意思，但将它与“冰”联在一起，就构成了“洁白如冰”这一高雅、深刻而又完美的字义，听到这个名字，就会觉得是一种精神上的享受。反过来，如若不考虑姓与名在字义上的组合，起名时就有可能出差错。“编文”这个名字的字义并不坏，但与姓“胡”联在一起，就构成“胡编乱造”之意，听起来让人觉得很不是滋味。此外，如胡莱、马虎、吴才等，都是在起名时没有顾及姓及名在字义上的组合。如同建筑学中墙的构成有空心、实心一样，将姓与名以虚实结合的方式巧妙搭配，便可达到姓氏与名字之间最巧妙的协调，不仅结构层次新奇，而且意义深刻。

6. 讲究字音：要听起来有味道 一般来说，中国人的名字是由两个字或三个字组成的。我们的汉字，常常是一个字一个词或一个词根，每个字都有自己的声调和音韵，将几个汉字拼合在一起，就会产生整体音韵效果。如果我们将其中的某个或某几个字换掉，它的效果很可能会产生很大的变化。所以，我们会觉得有的人名字好听，有的人名字不好听。一个名字读起来感觉好不好，往往取决于它的音韵搭配是不是合理。人的名字有时候是写下来的，可更多的时候是被人叫的，所以一个名字起得好不好，最根本的一点就是念起来是不是顺口清晰，让人听起来是否顺耳、响亮、和谐。这就要求我们注意起名用字的整体音韵效果。在研究以字音起名之前，我们首先来了解一下，声母、韵母究竟是什么。声母和韵母都是中国汉语音韵学术语。韵母处于声母之后。韵母至少要有一个元音，也可以有几个元音，或元音之后再加辅音。普通话韵母共有39个，按结构可以分为单韵母、复韵母、鼻韵母；按开头元音发音口形可分为开口呼、齐齿呼、合口呼、撮口呼，简称“四呼”。由一个元音构成的韵母叫作单韵母，又叫作单元音韵母。单元音韵母发音的特点是自始至终口形不变，舌位不移动。普通话中单元音韵母共有10个：a、o、e、ê、i、u、ü、—i（前）、—i（后）、er。由2个或3个元音结合而成的韵母叫作复韵母。普通话共有13个复韵母：ai、ei、ao、ou、ia、ie、ua、uo、üe、iao、iou、uai、uei。根据主要元音所处的位置，复韵母可分为前响复韵母、中响复韵母和后响复韵母。由1个或2个元音后面带上鼻辅音构成的韵母叫作鼻韵母。鼻韵母共有16个：an、ian、uan、üan、en、in、uen、ün、ang、iang、uang、eng、ing、ueng、ong、iong。声母和韵母拼在一起发出的声音就是一个汉字的字音。起名时声母的配合以及和韵母的配合所产生的语音效应直接影响着名字读音的好坏。专家认为：几个声母发音部位相同的字放在一起，读起来就有些费力；如果同时韵母也相同，就更加费力了。“绕口令”就是根据这个道理编制出来的。比如兰丽莲就比南乃兰好读些，詹占山就比孙存春好读些。像南乃兰、李尼莉、蔡纯宗、孙存春、俞玉竽、英莹映等这样的名字，读起来真有点儿像绕口令了。读音响亮的字放在名字的末字上，那么，这个名字读起来就响亮动听。一个字读音是否响亮，关键在韵母。哪些韵母的字读音比较响亮呢？大致有以下两类：首先是鼻韵母。根据韵腹（主要元音）和韵尾的不同，又可以把鼻韵母分成几个小类。现在我们把几类鼻韵母和以它们为韵母的人名常用字分列如下：

（1）前鼻音韵母。①an 安、凡、丹、潭、南、兰、占、山、善、然；ian 燕、年、连、莲、坚、建、健、前、先、仙；uan 端、观、宽、欢、焕、川、传、拴；üan 渊、原、源、元、园、娟、全、泉、权、宣；② en 恩、芬、奋、根、珍、贞、真、仁、森；in 宾、斌、民、林、金、琴、芹、新、欣、信；uen 文、闻、伦、昆、坤、春、纯、存；ün 云、芸、运、蕴、军、均、群、勋。

（2）后鼻音韵母。① ang 昂、邦、芒、方、芳、刚、章、昌、常、长；iang 良、梁、量、亮、江、强、香、湘、相、洋；uang 旺、望、光、匡、煌、庄、双、霜；② eng 鹏、孟、梦、风、逢、凤、登、衡；ing 英、平、萍、明、婷、宁、玲、晶、青、清；ueng 翁；ong 东、同、龙、红、洪、宏、中、忠、崇；iong 拥、涌、雍、永、勇、炯、琼、雄。

以上第一类是前鼻音韵母，第二类是后鼻音韵母，二者相比，后者比前者更响亮。在 1、2 类内部，又各自分为两个小类，（1）中①类和（2）中①类韵母的主要元音为开口度最大的 a，（1）中②类和（2）中②类韵母的主要元音为开口度较小的 e、i 和 o，二者相比，前者比后者更响亮。这样看来，读音最响亮的要数（2）①类的那些字了。而名字字音听起来是不是响亮、悦耳，起主要作用的是声调。旧体诗词读起来之所以显得抑扬顿挫、悦耳动听，一个突出的原因是因其声调和谐、讲究平仄。我国古代的四声分别为平、上、去、入，其中平为平声，上声、入声、去声为仄声。现代汉字声调也有四声，分作阴平、阳平、上声、去声。而我国的姓氏从声调来分，也是四类都有，如阴平有王、高、安、曾等，阳平有陶、颜、杨、陈等，上声有吕、李、鲁等，去声有谢、贺、寇、赵等。因为姓氏声调不同，所以要注意名字声调的不同组合，使之具有错落有致的效果，千万不要太死板、僵硬。例如，“汪”（wāng）是由“乌”（w）“盎”（ang）拼写成的，起名时不宜为“汪温微”（wāng wēn wēi），三个字的声调相同，读起来很不顺口；“李语省”也犯了同样的毛病。如果将名字改成“李语清”或“李喻省”，一下就显得动听多了。相邻两字的声母也要尽量避免相同，读起来才上口，同样韵母也要注意这个问题。

7. 讲究字形：要看起来典雅美观 汉字是一种独特的方块字，而且数量繁多。光是《康熙字典》收字就多达 4 万余个。汉字的数量虽然繁多，可是却并不都是同一个结构，而是分为好几个不同的结构，除了独体字之外，有左右结构、左中右结构、上下结构、上中下结构、上合下分结构、上分下合结构、全包围结构、半包围结构、品字型结构等。一个人的名字一般由两个或三个字组成，起名用的字要注意与姓氏用字在形体上和谐、平稳。按照常理来说，姓名形体和谐与否、平稳与否，首先取决于姓氏。因为一个人的姓氏是先天带来的、固定的，而名字则是后天的、人定的。因此，每个人的姓也就成了整个姓名结构和形体的基准点和参照物。而字形作为组成名字的基本元素，虽然不像含义和声音那么重要，但如果在起名时不注意字形的搭配，会使名字缺乏美感，尤其是在书写上，如搭配不当，总会让人觉得不能算是一个完美的名字。因此，起名字时要注意到起名用字与姓氏的合理搭配。这里有几个原则是我们特别要强调的：在起名的时候，姓名中每个字的笔画要相对均等；各种形体的字最好有些变化；用字要注意姓与名用字的平稳，看上去才显得整体和谐、协

调。这就是姓名整体上“建筑美”的要求。姓名中的每个字的笔画应该相对均等，这样才能给人带来视觉上的稳定感和平衡感。否则，看起来就会失衡，产生不了美的感觉，而且这样的名字写起来也不是很舒服。例如：“来”字是一个穿插结构的字。如果起名为“来申吾”，单就字形讲，其整体结构和形体看起来还是舒服的，不足的是姓与名的三个字，从整体来看过于一致，显得单调了一些。总体上看，这一姓名是有“章法”的，讲究对称，具有一定的“建筑美”。之所以这样，是因为这个姓的“来”字首先定下了“调子”。丁是一个独体结构的字，笔画少。这就要求与之配合的名字，最好也是笔画比较少的。例如丁小卉，从整体来看，给人的感觉比较匀整、和谐、舒服；丁蘩，就会给人以头小身子重的感觉，看起来很不和谐；丁一蘩，则给人前轻后重的感觉，看起来也不和谐。同样的道理，燕字笔画较多，与之配合的字最好也是笔画较多的。例如燕繁雅，比较匀称；燕一丁，就显得头重脚轻；燕紫一，则使人感觉失衡；燕一赢，感觉像是一条担子挑着两只筐，左右平稳，看上去协调。单字名也是如此。例如丁平，整体结构和形体和谐；丁赢，就是头小身子重；燕一，则是头重脚轻；燕紫，整体结构匀称，形体饱满。对姓名的整体结构和形体，不仅要从字的笔划入手，还要着眼于字形的变化，要注意字形的协调与美观。例如国团圆这个名字，三个字都是全包围结构，且不说语音如何，仅从字形来讲，这个姓名给人的感觉是缺少变化、单调，完全是封闭式的。这就是名字的整体不协调带给人的坏印象。再如丁一一这个看起来很朴素的名字。先不说语音，仅从字形来讲，这一姓名给人的感觉也是太过苍白，孤零零的，单调且缺乏想象力。另外，用字也要注意肥瘦长短、强弱虚实之分，现举例如下：衢、露、穗、凤、基、泰等字，看上去较笨重，但同时也让人感觉到坚强有力并且咄咄逼人，属于“肥”的。七、小、干、卜、子、于、卡、千等字，看上去虽然有活力，但也有空弱的感觉，属于“瘦”的。早、芥、申、奇、年、平、芽、被、辛、竹等字，显得能伸不能屈、知进不知退、缺乏忍耐力，可认为是“长”的。四、丑、土、正、企、山、丘、生、女等字，显得毅力不佳，是“短”的。炎、成、威、豪、容等字，给人的感觉是强壮、向上、旺盛的，富有生气和活力。有些字则像是瘦弱的孩子，带给人轻柔、消极、缺少决断等印象，例如斗、平、年、市、帛、科等字。国、福、昌、室、宜、风、凰、尊等字，显得稳定，较为保守，还有一点点顽固，比较“实”。之、其、乃、亦、而、也等字，有字无意，比较“虚”。一个人起一个名字，并不仅仅是让人们在口头上使用，在很多情况下，名字也是用于书写和读念的。由于名字具备这两个基本功能，起名时一是要考虑所取的名字便于书写，二是要考虑所取的名字便于让别人去读念。特别是当孩子长大后走向社会的时候，他（她）的名字在社会上被使用和书写时，用字是否简明易懂就十分重要了。一个写来简单、读来方便的名字会为他（她）在社会上的立足带来诸多方便。相反地，书写麻烦而又难读的名字则可能让他（她）失去某些机会。取一个好名字，既与自己方便，也与别人方便，在起名时一定要把握用字简明易懂这一首要原则，应尽量避免使用笔画较多的字和常人不易识的字。

第四章 别出心裁的起名技巧

一、根据姓氏特点起名事半功倍

（一）常见的比较难起名的姓氏以及起名方法

平时在给客户起名的过程中，笔者会遇到一些百家姓中的特殊姓氏，不是很好起名字，下面就每个姓氏逐一分析。

1. 史姓 史姓主要有两个分支：第一支起源于仓颉之后。仓颉，也称苍颉，又称史皇氏，其后有史氏。第二支起源于周太史史佚之后，以官为氏。史这个姓因为谐音“屎”，所以被认为很难起名。其实，史这个姓氏很有文学气息，因为和史字搭配的都是一些很文学的词语，比如史册、历史、史书等。所以我们给孩子起名字可以充分运用这一点。明末抗清名将史可法的名字就起得非常好——史可借法堪作宪，人需自强方成才。下面列出一些史姓比较好的名字组合，以供参考：

史彦儒　史江弘　史政威　史文锐　史可艺　史册鸣　史林希

史颂歌　史垂青　史名轩　史革新　史可追　史长书　史翰林

2. 苟姓 苟姓约72%分布在四川、陕西、甘肃、湖北四省。其中四川省居多，约占全国苟姓人口的29%。说起苟姓的起源，还颇为曲折。五代十国时期，后唐节度使石敬塘起兵，夺取政权，改国号为晋，迁都开封。在石敬瑭做后晋皇帝期间，有个姓敬的大臣因为冲了皇帝的名讳，再加上得罪了皇帝的近臣，遭到陷害后被定了罪，朝廷下令让所有的敬姓人改姓“苟”。于是敬姓大臣召集族人忍痛改姓为“苟”。后晋灭亡后，“苟”姓家族大多又改回“敬”姓。可是到了宋代，为了避讳宋太祖赵匡胤的祖父赵敬，他们又不得不再度改成“苟”姓。苟谐音“狗”，在起名实践中，为了弱化“狗”这个谐音，应尽量起二个字的名字，可以是名词＋形容词，比如苟韵涵，听起来还带有一点诗意；也可以是形容词＋名词，比如苟清风；还可以是动词＋名词组合，比如苟树楷。下面列出一些苟姓比较好的名字组合：

苟庭辉　苟依梦　苟凝阳　苟雪晴　苟文锋　苟敬丞　苟叶萱

苟月瑶　苟星璇　苟正羽　苟瑞恩　苟炳城　苟善若　苟景添

（二）大姓起名的技巧和方法：王、李、张、刘、陈、杨

1. 王姓取名 据2008年的统计，王姓是中国十大姓氏之首，分布全国各地，约占全国汉族人口的7.65％，尤以山西、河北、河南为多。王这个姓自带威严和霸气，可以结合这种意思起名。比如我有一个同学叫王冠，从幼儿园到小学，再到初中高中，成绩和表现一直出类拔萃，可谓人名相符。

（1）王姓男孩取名。王博超（博：博大；超：超越），王君浩（君：君子；浩：浩大），王子骞（骞：高举，飞起），王鹏（鹏：比喻气势雄伟），王鹤轩（鹤：闲云野鹤；轩：气度不凡），王宇凡（气宇不凡），王超群（超群出众），王鼎盛（鼎：鼎鼎有名；盛：兴盛），王睿渊（睿智；学识渊博），王哲瀚（拥有广大的学问），王雨泽（恩惠），王楷瑞（楷：楷模；瑞：吉祥），王建辉（建造辉煌成就）。

（2）王姓女孩取名。王珺瑶（珺：美玉；瑶：美玉），王梦瑶，王婉婷（婉：和顺、温和；婷：美好），王睿婕（意思是聪明的女孩），王雅琳（以“雅”入名，寓意“超脱、优雅”），王静琪（安静又乖巧的女孩），王彦妮（彦：古时候指有才学、有德行的人；妮：指女孩子），王馨（馨：香气），王静宸（宸：古代君王的代称），王乐姗（姗：女子走路时婀娜的样子）。

2. 李姓取名 李姓是中国十大姓氏之一，分布很广。就地区而言，李姓在北方诸省中所占比例较高，一般在8％以上；而在南方诸省中所占比例一般不足8％，尤其在东南沿海诸省，比例仅在4％左右。在李姓起名技巧上，李谐音“礼”和“你”，可以从这两个谐音上做文章。

（1）李姓男孩取名。李峻熙（峻：高大威猛；熙：前途一片光明），李嘉懿（嘉：美好；懿：美好），李轩（轩：气宇轩昂），李烨（烨：光耀），李煜祺（煜：照耀；祺：吉祥），李煜城（照耀城市），李智宸（智：智慧），李正豪（豪：豪气），李昊然（昊：苍天，苍穹），李志泽（泽：广阔的水源）。

（2）李姓女孩取名。李玉珍（像玉一般美丽，像珍珠一样令人喜爱），李茹雪（茹：谐音如；全名意思是像雪一般纯洁，善良），李正梅（为人正直，能承受各种打击），李美琳（美丽，善良，活泼），李欢馨（快乐，与家人生活得非常温馨），李优璇（优：各个方面都很优秀；璇，像美玉一样美丽，受人欢迎），李雨嘉（雨：纯洁；嘉：优秀），李娅楠（娅：谐音雅，文雅；楠使名字好听），李明美（明白事理，长得标致美丽，有着花容月貌），李可馨（与家人生活得非常温馨），李惠茜（惠：贤惠，茜使名字好听），李漫妮（生活浪漫，妮是对女孩的称呼）。

3. 张姓取名 张姓是我国分布很广、人口众多的姓氏之一，约占全国汉族人口总数的7.07％，是中国第三大姓，以山东、河南、河北、四川四省为

多。起名技巧上，张有展开、舒展的意思。

（1）张姓男孩取名。张俊楠（俊：英俊；楠：坚固），张鸿涛（鸿：旺盛、兴盛），张伟祺（伟：伟大；祺：吉祥），张荣轩（轩：气度不凡），张越泽（泽：广博的水源），张鸿煊（鸿：旺盛、兴盛；煊：光明），张绍（绍：继承），张伟宸，张子轩。

（2）张姓女孩起名。张雪慧（冰雪聪慧），张淑颖（贤淑，聪颖），张瑾萱（瑾：美玉；萱：一种让人忘忧的草），张钰彤（钰：美玉；彤：红色），张璟雯（璟：玉的光彩；雯：色彩斑斓的云，多用于人名），张瑜（瑜：美玉），张婧琪（婧：女子有才；琪：美玉），张彤萱（彤：红色），张玥婷（玥：传说中的一种神珠；婷：美好），张媛馨（媛：美好），张梦涵（涵：包容）。

4. 刘姓取名　刘姓分布极广，为中国第四大姓。河北、内蒙古、辽宁、北京、天津等地刘姓占比较高，约占该地汉族人口的8%以上。

（1）刘姓男孩取名。刘国豪（国人因他而自豪），刘伟奇（伟大，神奇），刘文博（文采飞扬，博学多才），刘天佑（生来就有上天庇佑的孩子），刘修（修：形容身材修长高大），刘黎昕（黎：黎明；昕：明亮的样子），刘远航（好男儿，就放他去远航吧），刘旭尧（旭：旭日；尧：上古时期的贤明君主，后泛指圣人），刘圣杰（圣：崇高；杰：杰出），刘鑫鹏（鑫：财富；鹏：比喻气势雄伟），刘浩宇（胸怀犹如宇宙，浩瀚无穷），刘晋鹏（晋：进也，本义上进；鹏：比喻前程远大），刘瑾瑜（出自成语——握瑾怀瑜，比喻拥有美好的品德）。

（2）刘姓女孩取名。刘月蝉（比月光还温柔，比貂蝉还漂亮美丽），刘嫦曦（像嫦娥一样有着绝世美丽容貌，像晨曦一样朝气蓬勃、有精神），刘静香（文静，像香妃一样美丽、文雅、贞烈），刘梦洁（一个梦幻般的女孩，心地善良，纯洁），刘凌薇（凌：有气势、朝气盛；薇：祝她将来成为一代名人），刘美莲（美丽得如莲花一样，有出淤泥而不染的高尚品质），刘雅静（优雅文静），刘雪（美丽如雪），刘依娜（有伊人风采，娜：一般指姑娘美丽，婀娜多姿），刘雅芙（文雅，如出水芙蓉一般）。

5. 陈姓取名　陈姓是全国第五位的大姓，南方地区多陈姓。在台湾、广东二地，陈姓为第一大姓。

（1）陈姓男孩取名。陈修洁（修：形容身材修长高大；洁：整洁），陈健柏（柏：松柏，是长寿的象征；“健柏”就是健康长寿的意思），陈喆劼（这个名字很吉利，读音同“哲杰”），陈玉轩（这个名字男孩子用会很斯文），陈卿（卿：古时高级长官或爵位的称谓），陈尚博（尚：高尚；博：博学），陈绍恒（恒：久），陈继文（继：继承；文：文学），陈如峰（峰：高峰），陈钒涛（钒：一种金属元素，银白色）。

（2）陈姓女孩取名。陈心琪（琪是玉的意思，“心琪”就是形容心灵像玉一样美好），陈雯媛（端庄高雅，有才华的女孩），陈晓芙（早晨的荷花），陈诗婧（如诗画一般的美丽女孩），陈露洁（如露珠洁白剔透，非常适合单纯的女孩），陈雅琳（以“雅”入名，寓意“超脱、优雅”），陈婉玗（婉寓意“和顺温和”；玗寓意“美好”），陈书怡（文静宜人），陈诗茵（诗：寓意文雅，浪漫）。

6. 杨姓取名 杨姓为中国第六大姓氏，在全国分布极广，在长江流域的省份居多。

（1）杨姓男孩取名。杨烨伟（烨：光辉），杨博（博：博学），杨熠彤（熠：光辉；彤：红色），杨博涛（博：博学），杨苑杰（杰：杰出），杨黎昕（昕：明亮的样子），杨烨霖（烨：光明），杨致远（出自诸葛亮的《诫子书》：非淡泊无以明志，非宁静无以致远），杨俊驰（出自王勃《滕王阁序》：俊彩星驰）。

（2）杨姓女孩取名。杨天瑜（瑜：美玉），杨婧琪（婧：女子有才；琪：美玉），杨墨瑶（瑶：美玉），杨馨彤（馨：香气；彤：红色），杨笑萱（萱：一种使人忘忧的草），杨絮婷（婷：美好），杨璟（璟：玉的光彩）。

二、根据传统文化起名寓意深刻

（一）根据成语起名

成语是中华民族文学的瑰宝，一般来自古代诗文典籍、寓言、神话以及有名的事件，往往寓意深刻、含蓄隽永。所以用成语给孩子起名，可以使人名显得文雅而有内涵。

很多名人的名字都是用成语来起的，非常有味道，我们不妨来赏析一下。

戴星月：取自“披星戴月”；叶知秋：取自“一叶知秋”；吉天相：取自“吉人天相”；马行空：取自“天马行空”；刘德重：取自“德高望重”；周义山：取自“义重如山”；任卓群：取自“卓然超群”；于得水：取自“如鱼得水”；刘海粟：取自“沧海一粟”；程思源：取自“饮水思源”；谢璧瑕：取自“白璧无瑕”；江不凡：取自“不同凡响”；梁冲霄：取自“直冲云霄”；冯正君：取自“正人君子”；黄火青：取自“炉火纯青”；钱未闻：取自“前所未闻”；石惊天：取自“石破天惊”；卢致用：取自“学以致用”。

不过，用成语起名，也需谨慎，用不好还会闹笑话；要特别注意以下五点：

1. 用成语起名字要马上让人能联想到相应的成语 有些家长选了一些

比较生僻的成语，虽然寓意也很好，但是大部分人无法马上联想和领悟到这个名字取自哪个成语，那么这种成语起名方法就失去了意义。比如陂湖禀量，拼音是 bēi hú bǐng liáng，意思是比喻度量宽广恢宏，这个寓意非常好，如果姓张，叫张禀量，从音、形、义来看都是一个不错的名字。但是这个成语比较生僻，一般的人读到这个名字无法联想到这个成语。再比如，一个女孩姓韩，如果想要用“冰雪聪明”这个成语起名字，那么是叫“韩冰雪”好还是“韩冰聪”好呢？当然是后者好！“韩冰雪”这个名字就不容易让人从“冰雪”联想到“冰雪聪明”，以为只是简单的冰雪天气，而“韩冰聪”则一目了然，让人脑海里马上浮现出一个聪明可爱、乖巧可人的女孩子的形象。由此可见，以成语起名还是要用一些为人熟知的成语。比如我的一个客户姓周，生了一对双胞胎女儿，我用成语起名法给她们起名，一个叫周欣欣，一个叫周向荣。如今这对宝宝像名字寓意的一样，成长得非常好。

2. 用成语起名字要用正面意义的成语 很多家长没有搞清楚成语真正的含义，因为看着字面意思好，就草率起名，让人啼笑皆非甚至惋惜。比如遇到一个朋友，给女儿起名叫成笑清，我问他为什么这么起，他得意地说取自成语笑比河清，希望女儿笑口常开。然而这个成语的意思却和字面意思完全相反。笑比河清用来形容态度严肃、难见笑容，这个成语出自《宋史·包拯传》：“拯立朝刚毅，贵戚宦官为之敛手，闻者皆惮之。人以包拯笑比黄河清。”由此可见，仅凭字面意思而不去了解成语背后的典故，会闹出笑话。再比如有人给孩子起名李望其，说是取自成语“望其项背”，期望孩子超越其他孩子，让人难以追赶。乍一看，寓意好，名字好听。但是仔细推敲就站不住脚了，为什么呢？望其项背意思是能够望见别人的颈项和脊背，表示赶得上或比得上，但通常以否定句表示与“望”的对象有一定差距，如“难以望其项背”“不能望其项背”。所以如果不用否定的意思，就变成了希望自己孩子赶得上别人的孩子，于是从期望的领跑者变成了实际的追赶者，和起名的初衷大相径庭。

3. 用成语起名字要符合时代特征 成语多出自古代，但是随着时间的推移，现代人对某些文字的观念和态度已经转变，如果不注意这点，可能会出现弄巧成拙的尴尬局面。比如唐朝时有一位名艺人叫李龟年，名字大概是取自成语“龟鹤之年”。但如果一个现在的孩子名叫郑龟年，这名字好不好？再比如有个网友曾问我，有个视频推荐了白衣卿相这个成语，他想要给孩子起名为李白卿，问这么起好不好。这个名字也是第一眼看上去感觉很不错的，但是我们仔细分析一下，就会发现这么起有一些问题。首先他期望孩子能有出息，能有三公六卿这种社会地位，而其实白衣卿相这个词的含义是指没有发迹的书生，白衣在古代是平民布衣、一介草民的意思，与三公六卿截然相反。后来经过我的解释，他放弃了用这个名字的想法，取了另外一个名字李蔚观，化自“蔚为大观”。

4. 用成语起名可以巧借姓氏连为一体 有些姓或者姓的谐音可以很完美地和成语提取的两个字组合在一起，让名字浑然天成、妙不可言。比如毛凤麟，取自“凤毛麟角”，凤麟这个名很好地和毛这个姓结合成一个整体；同样的还有周而复，把“周而复始”这个成语妙用到家。又比如钟志城，取自“众志成城”，钟谐音众；比如冯甘雨，取自“久旱逢甘雨”，巧妙地进行了同音字替换。再比如郑光明，取自“正大光明”，也是运用了同音字替换。最绝的要算这个名字：易了然，取自“一目了然”，用了同音字，而且易的意思和成语本身要表达的意思高度吻合，让人拍案叫绝！类似这样的运用还有很多，只要用心寻找就会有令人惊喜的发现。

5. 用成语起名字要选择成语中恰当的字的组合 众所周知，成语以四字居多，也有五字甚至七字的，但不是随便两个字组合在一起都适合做名字。要选择合适的字并用合理的方法进行组合，这样起出来的名字才会让人觉得和谐美好，而不是显得生拼硬凑。成语从类型上来看，一般有以下四种形式：

（1）主谓式。前两个字是动作的发出者，是主语；后两个字是主语的动作或状态，是谓语。例如“气宇轩昂”“耳目一新”等。对于这样的成语，我们一般选一个主语配一个谓语，比如张宇轩、张宇昂、刘目新等。

（2）偏正式。前两个字和后两个字中有一组是成语的核心部分，另一组只对它起修饰和解释作用，例如“文质彬彬”“正人君子”“万全之策”等。我们起名字，可以用一个主语配一个修饰它的形容词，比如孙质彬、周君正、高策全等。

（3）联合式。前两个字和后两字的意思是并列的，本质上也是两个主语加形容词或者谓语加名词的结构。例如名正言顺、龙腾虎跃、国泰民安、花容月貌、见仁见智等。这种结构的成语，我们既可以直接选取两个连着的字，比如赵国泰、方民安、江花容、肖见智等；也可以跳着选两个形容词或者动词，比如赵安泰、方跃腾、江貌容、肖仁智等。

（4）动宾式。前两个字是动作，是谓语；后两个字是动作的对象、承受者，是宾语。例如“顾全大局”“独步天下”“包罗万象”“奉若神明”等。我们一般选取一个合适的动词配一个合适的名词，比如周顾局、叶步天、张罗万、李奉明等。

为了方便读者用成语来起名字，这里给大家整理提炼了一些比较好的成语用名。大家可以根据自己的喜好来挑选适合的：

1. 思泉 出自成语文思如泉，形容人在写文章的时候思路就像泉水一般

源源不断。寓意男生才思泉涌，才华过人，满腹经纶。

2. 可锐　出自成语锐不可当，指人勇往直前、势不可挡，形容人勇气可嘉、不怕困难。寓意男生年轻气盛，锐意进取，勇猛精进，智勇双全。

3. 青云　出自成语平步青云，比喻一下子就登上了很高的官位，旧时用以形容科举及第，或表示突然变得富贵。寓意男孩前程似锦，大展宏图，丰衣足食，不愁吃穿。

4. 建瓴　出自成语高屋建瓴，本意指把瓶子里的水从高层屋顶上倾倒下来。比喻居高临下，不可阻遏，势如破竹。寓意男孩自信满满，地位崇高，气势惊人。

5. 栩生　出自成语栩栩如生，形容艺术形象非常生动逼真，像活的一样。寓意男孩子活力四射，神采奕奕。

6. 立杰　取自成语角立杰出，本意指超过一般人，卓越不凡。寓意男孩子杰出卓越，才华横溢。

7. 玉临　取自成语玉树临风，意思是形容人像玉树一样十分潇洒、秀美多姿（多指男子）。寓意男孩子英俊潇洒，气质非凡。

8. 嘉伦　取自成语无与伦比。取成语中伦字与好听的嘉字搭配作为名字，比喻男孩十全十美，能力出众，善解人意。

9. 一鸣　取自成语一鸣惊人，比喻平时没有突出的表现，却一下子做出惊人的成绩。寓意男孩子后劲十足，一飞冲天，事业有成。

10. 俊逸　取自成语卓越俊逸，意思是才华风度超出一般人。寓意男孩子才华不凡，卓越出众。

11. 映雪　取自成语囊萤映雪。原指车胤用口袋装萤火虫来采光读书、孙康利用雪的反光勤奋苦学的故事，后形容刻苦攻读。寓意女孩子做事认真，一丝不苟，同时体现了女孩子的与众不同、玉洁冰清。

12. 琼宇　取自成语琼楼玉宇，指月中宫殿、仙界楼台，也形容富丽堂皇的建筑物。寓意女孩子美好出众，气质不凡。

13. 笑嫣　取自成语嫣然一笑，意思是形容女子笑得很美。寓意女孩子活泼开朗、笑容甜美，也可延伸为女孩美丽动人、富有文采。

14. 幽兰　取自成语空谷幽兰，形容十分难得，常用来比喻人品高洁。寓意女孩气质高雅，像兰花一样芳香四溢。

15. 握瑾、怀瑜、瑾瑜　出自成语握瑾怀瑜，比喻人具有纯洁高尚的品德。寓意女孩子品德高尚，温润如玉。

（二）根据《诗经》起名

《诗经》作为我国第一部诗歌总集，内容丰富多彩，佳句妙语层出不穷。

正因为如此，古往今来，许多名人的名字都取自《诗经》这本艺术宝典。

三国时期著名的政治家、军事家诸葛亮，字孔明，而“孔明”二字很可能出自《诗经》的《小雅·信南山》中的“祀事孔明”，这里“孔明”就是完备周详的意思。诸葛亮人如其名，智慧过人，他一生谨慎小心，处事周到，“孔明”二字正是其为人处事的性格特征的体现。2015 年诺贝尔生理学或医学奖得主屠呦呦的名字，是她的父亲为她起的。“呦呦”这个名字，取自于《诗经·小雅》中的“鹿鸣”篇。它是周天子时代的宫廷乐歌，第一乐章是宴饮之前的奏乐吟唱，第二乐章是酒酣之时的吟唱，第三乐章是宴饮结束时的吟唱。“呦呦”是鹿的鸣叫声，屠呦呦的父亲给女儿起这个名字，是希望女儿成为有修养、懂礼仪、有学问的淑女。屠呦呦凭借“青蒿素”获得中国第一个科学界的诺贝尔奖，果然，呦呦鹿鸣，不鸣则已，一鸣惊人！台湾著名言情小说家琼瑶，本名叫陈喆，琼瑶是她的笔名。此名出自《诗经·卫风·木瓜》：“投我以木桃，报之以琼瑶。”琼瑶即美玉的意思。《诗经·卫风·木瓜》为表达爱情的诗歌，通过描述男女之间的相互赠答，表现了纯粹而美好的爱情。琼瑶则以写言情小说闻名。《儒林外史》的作者吴敬梓，其名“敬梓”暗合《小雅·小弁》中的“维桑与梓，必恭敬止”，意思是说对父母所种的桑与梓也要恭敬。“五柳先生”陶渊明字元亮，东晋灭亡后改名陶潜，字渊明，名字都取自《小雅·鹤鸣》“鱼潜在渊，或在于渚”，这首诗表达了招致人才为国所用之意，“鱼潜”两句表面是说鱼儿潜在深水中，有时往上游到小洲旁，其实是说贤士的隐居与出仕，而陶渊明一生也以隐居为主。中国平安保险公司董事长马明哲，其名字中“明哲”二字暗含《大雅·烝民》：“既明且哲，以保其身。”形容人明理有智慧，善于克服困难，保全自身。抗战时牺牲的烈士申其琛，其名“其琛”出自《诗经·鲁颂·泮水》“憬彼淮夷，来献其琛”。这句诗的意思是如今淮夷有觉悟，献来珍宝表诚心。“其”字是助词，用作人名意指更加、突出之义；“琛”本身是指珍宝，放在人名里有如珠如宝、洁白无瑕、身贤体贵的意思。“其琛”二字组合是在强调“琛”字，寓意蕴藏着无穷无尽的能量，像珍宝一样珍贵。

由此可见，通过诗经给孩子起名是一个很好的选择，但是并不是在《诗经》中随手找两个看起来好听的字就可以给孩子起名字，要注意以下几点：①请尽量从《雅》和《颂》当中选名字。《诗经》当中不少是刺诗，即用来讽刺主上的，所以选择名字时请避开《风》，因为《风》当中的刺诗特别多，请尽量从《雅》和《颂》当中选取名字，避免弄巧成拙。②尽量不使用现代汉语中的生僻字，因为这些字辨识度差，在现代语境中显得格格不入。比如芃芃、蓁蓁、清漪、珵美、琇莹、雰霏等。不可否认诗经里的一些名字寓意很好，然而其美感只限于古代的汉语语境中，若脱离其语境，用于现代，一旦涉及生僻字，则会令人难以捉摸，既可能给人以矫揉造作、不自然的观感，也可能造成被误读、误写、误会的困扰。③尽量不使用已经鲜为人知的典故，因为其已经被世人所淡忘，难以达到起名字的预期效果。比如渥丹、雅南、骏惠、燕绥、缉熙等。这些名字的典故寓意虽然不错，但这些典故没能得到广泛传播，未能流芳百世。如今再用这些典故给孩子起名字，会有一种“回光返照”的感觉，其中含义并不容易被人们解读出来，而起名字的内涵不能指望通过介绍来彰显，一个好名字应该要有“不言而喻”“一目了然”的效果。

《诗经》虽好，但是毕竟年代久远，使得现代人要想充分理解其含义非常难，没有深厚的文学功底怕是难以深入。为了让大家能通俗易懂地运用它来起名，这里选取一些笔者从诗经中提炼出来比较好的名字，供大家参考。

1. 星楚 “星楚”出自《诗经·唐风·绸缪》中的“绸缪束楚，三星在户”。“星”指夜晚天空中闪闪发光的星星，用在人名中有明亮、吉祥、美好、灿若星辰等意思。“楚”有清晰、整洁、茂盛的意思，用作女孩名字可形容女孩楚楚动人、仪态举止端庄稳重。

2. 维夏 出自《诗经·小雅·四月》：“四月维夏，六月徂暑。”维有维持之意，夏象征着热情大方、活力满满。

3. 且惠 出自《诗经·邶风·燕燕》：“终温且惠，淑慎其身。”指温和而又恭顺，为人谨慎善良。且指并且。惠本意指好处，在诗句意为恭顺之意。且惠二字古风韵味十足，结合语境来看，一位端庄贤淑又温婉善良的女子跃然纸上，特别适合用作女孩子的名字。

4. 令仪 出自《诗经·小雅·湛露》：“其桐其椅，其实离离。岂弟君子，莫不令仪。”令仪两个字的意思是美好的仪容和风范，寓意着温文尔雅、谈吐不凡、仪表堂堂。

5. 纯熙 出自《周颂·酌》“时纯熙矣，是用大介”。纯指纯正、纯净，作为名字时，有纯洁善良之意。熙指光明兴盛，有吉祥和乐、熙熙融融之意。纯熙这个名字有纯洁高尚、前途光明的美好寓意。

6. 巧倩、美盼 出自《诗经·卫风·硕人》：“巧笑倩兮，美目盼兮。”巧倩中的巧寓意灵活乖巧，倩寓意美丽动人，美盼寓意可期盼的美好。

7. 雅南 出自《诗经·小雅·鼓钟》：“以雅以南，以龠不僭。”雅和南均指音乐。雅寓意高雅、文雅、有品位，南寓意和顺温暖。

8. 和铃 出自《诗经·周颂·载见》中的“龙旂阳阳，和铃央央”。“和铃”指古代的车铃，是一种精细小巧的装饰物，用作女孩名字可以突出她可爱乖巧的气质。“和”本义为和谐，引申指平和、温和、柔和，作为人名可展现女孩温婉可人的性格。和铃这个名字寓意女孩活泼开朗、精致有内涵。

9. 禾善 出自《诗经·甫田》“禾易长亩，终善且有”。寓意年年衣食无忧。同时诗句中的景象是非常美的，而在古代，禾代表的就是财富。善寓意善果，善终。

10. 零露 出自《诗经·郑风·野有蔓草》："野有蔓草，零露漙兮。有美一人，清扬婉兮。"零露指降落的露水，寓意女孩温柔似水、仙气飘飘。

11. 简兮 出自《诗经·邶风·简兮》："简兮简兮，方将万舞。"简在本诗句中是指鼓声，在现代汉语中为简单之意。兮为助词，没有实意。简兮二字，根据诗句的意思来看，寓意孩子多才多艺、颇有艺术天赋，另外还寓意遇到事情有化繁为简的智慧和能力。

12. 伊湄 出自《诗经·秦风·蒹葭》："所谓伊人，在水之湄。"伊有美丽、举止优雅的意思。湄指河水的对岸。伊湄寓意孩子外在形象美好、举止大方优雅、善解人意、深受大家的喜爱。

13. 振麟 出自《诗经·周南·麟之趾》："鳞之趾，振振公子，于嗟麟兮。"传说中麒麟是至真至善的仁兽，能呼风唤雨却不践生草、不食生虫，行走于田野间，仿佛化作一位振振公子翩翩走来。公子"振麟"，说明他宅心仁厚、风度翩翩。

14. 游龙 出自《诗经·山有扶苏》："山有乔松，隰有游龙。""游龙"这个名字比较适合用于男孩，带有一种男孩子特有的冲劲。其中的龙字非常大气，象征着一种精神，也有权势、高贵、尊荣的含义；游龙这个名字寓意男孩天生优秀，同时带有幸运与成功等含义。

15. 乔木 出自《诗经·小雅·伐木》："伐木丁丁，鸟鸣嘤嘤。出自幽谷，迁于乔木。"这个名字既有意境又好听。乔木是生长在肥沃的土地的高大树木，借此用来比喻学有所成的栋梁之材。

16. 言锡 出自《诗经·邶风·简兮》："赫如渥赭，公言锡爵。"言本义是说话，寓意金口玉言、言出必行。锡，如金如锡，用于名中寓意君子才学精如金锡。所以这个名字寓意孩子博学多才，品行端正。

17. 清扬 出自《诗经·鄘风·君子偕老》："子之清扬，扬且之颜也。"清用作人名有清正廉明之义，寓意洁身自好的大雅君子。扬用作人名指奋发上进，寓意奋发图强、力争上游。清扬二字，一是寓意孩子有一双明亮的双眼，看待事物明白透彻；二是指孩子内心清正纯洁、积极向上。

18. 邦彦 出自《诗经·郑风·羔裘》："彼其之子，邦之彦兮。"邦指城邦、国家。彦指美士，即贤能之才。寓意孩子英俊潇洒、才能出众，是可以匡时济世的栋梁之材。

19. 在洲 出自《诗经·国风·关雎》："关关雎鸠，在河之洲。"在，有存在之意。用作人名有积极奋进、志在必得之意。洲指宽阔的大陆。用作人名寓意心胸宽广、理想远大。在洲，寓意男孩子志向远大、胸怀宽广。

20. 维桢 出自《诗经·大雅·文王》："王国克生，维周之桢。"这句诗的意思是，王国得以成长发展，他们是周朝栋梁之臣。其中维有维持的意思，桢有栋梁的意思。维桢这个名字非常特别，寓意孩子能成为护国安邦的栋梁之材。

21. 翰良 出自《诗经·大雅·崧高》："周邦咸喜，戎有良翰。"良翰指的是贤良的辅佐。这个名字读起来朗朗上口，意思也非常好，寓意孩子才华横溢，能为社会贡献自己的能力，受人尊敬。

（三）根据《楚辞》起名

中国自古就有"取名字找《楚辞》"的传统，《楚辞》是中国文学史上第一部浪漫主义诗歌总集，里面有很多诗词不仅有诗意，而且还富有浪漫主义色彩。国人取名讲究"女诗经，男楚辞"，就是一个例证。用楚辞给孩子起名，不仅能够弘扬中华优秀传统文化，还能够彰显不俗内涵，高雅又文艺。

我们还是先赏析一下名人是如何用楚辞起出意味深长的好名字的。

很多人都非常喜欢"朱自清"这个名字，喜欢到什么程度呢？会觉得它就像朱自清的散文《荷塘月色》一样，美到不知如何用语言形容。其实朱自清这个名字就是出自《楚辞·离骚》中的"宁廉洁正直以自清乎"。朱自清原名自华，后改名自清，因为"自清"二字表达出自己希望超然脱俗、清者自清的理想和愿望。戴望舒是我国近代著名诗人、翻译家，其创作的《雨巷》脍炙人口，影响广泛。"戴望舒"其实是笔名，这个名字一眼瞥见就有一种极目楚天、逍遥自在的舒适感，让人不禁想起"诗和远方"。这个别致文雅的好名字出自《楚辞·离骚》："前望舒使先驱兮，后飞廉使奔属。"这两句的意思是：前面由月神望舒开路，后面由风神飞廉作跟班。结合这两句的意思，望舒寓意着争取光明。《后来》这首歌在中国大陆几乎无人不知无人不晓，是 KTV 的必点歌曲之一，其歌唱者刘若英被广泛认为是香港的情歌天后，而若英这个名字让人想到《楚辞·九歌·云中君》："浴兰汤兮沐芳，华采衣兮若英。"著名国学大师南怀瑾的名字取自《楚辞·九章·怀沙》："怀瑾握瑜兮，穷不知所示。"这句诗的意思是怀里佩戴着珠宝，手里拿着美玉，却不知道该向谁来奉献。怀瑾寓意心怀美德、才华横溢，正是大师本人一生的真实写照。

既然《楚辞》是一个宝库，那么我们怎样把这个宝库用好，给孩子起一个文雅有内涵的名字呢？

1. 选取自然物来起名 《楚辞》中有很多描写自然物的诗句，而很多自然物除了有生机、有活力外，还有其独特美好的寓意。所以大家在为孩子起有寓意的名字时，可以从楚辞中选取一些自然物来融入名字中。这样的名字不仅给人一种"小清新"的感觉，寓意也十分丰富。比如羽焉这个名字，取自《天问》中的“羿焉彃日？乌焉解羽?”。“羽”有羽毛的意思，给人一种轻柔的感觉，作为女孩的名字不仅唯美，还意指女孩志向远大；“焉”则带有肯定的语气。将“羽焉”作为女孩的名字，有一飞冲天、大展宏图的美好寓意。

2. 选取有美好寓意的字起名　结合性别，从《楚辞》中选取有美好寓意的字来起名字，是比较简单的起名方法。这样起出来的名字不仅寓意美好，还有利于成为孩子成长的指示，同时也体现出了父母对于孩子的期望之情。比如善御这个名字，取自《九辩》中的“当世岂无骐骥兮，诚莫之能善御”，这句诗的意思是当今世上并不是没有骏马，只是没有人可以驾驭它。所以“善御”可以理解为擅长驾驭、管理，用作男孩名，寓意男孩子才华出众、有领袖气质。比如灵均这个名字，出自《离骚》中的“名余曰正则兮，字余曰灵均”，灵字有灵动、灵巧、聪明等意思，均字有平等的意思，“灵均”本意是形容土地美好而平坦，用作人名可形容女孩子非常机敏可爱，并寓意一生美好平安。

3. 从诗句中提炼含义起名　由于楚辞属于古文，其语言习惯和现代文有很大的不同。有时候不一定要直接从诗句中找一个词来起名，可以根据诗文的意思提炼出名字来。比如云凝这个名字，取自《大招》“天白颢颢，寒凝凝只”。这个诗句中没有直接出现“云凝”二字，是根据这句话的意思提炼出来的：天空飞雪一片白茫茫，云中的寒气凝结四面八方。“云凝”这个名字展示了一幅银装素裹、彩云凝结的唯美景象。给女孩起名为“云凝”能衬托出女孩温柔淡雅的气质。再比如予菲这个名字，出自《九歌》：“绿叶兮素华，芳菲菲兮袭予。”把予和菲做了一个组合，予菲可以理解为予我芳菲，寓意女孩子像花朵一样美好纯洁、芳香怡人。

同样，笔者从楚辞中提炼了一些好名字，希望给大家做一个参考。

1. 莫白　选自《九章》“情沉抑而不达兮，又蔽而莫之白也”，莫白的音律很好听，给人一种高冷纯净的感觉，突出了女孩子的干净气质，寓意女孩子冰雪聪明、明白事理。

2. 曜灵　出自《天问》“角宿未旦，曜灵安藏”。曜有阳光、日月星辰的意思，灵有灵气、灵动、灵活、水灵等意思。曜灵无论是曜还是灵，都给人很有灵气的感觉。曜灵是可以突出女孩聪明乖巧、光彩照人特质的名字。

3. 依斐　出自《哀时命》“云依斐而承宇”，斐指有文采的样子，依斐在寓意女孩小鸟依人、多才多艺，同时这两个字读起来也非常好听，衬托出了女孩子的温柔可爱。

4. 安歌　此名来自楚辞《九歌》中的“扬枹兮拊鼓，疏缓节兮安歌”。安字多指安定、平安、得到满足等意思；歌指歌唱，也有歌颂的意思，此名本指神态安详地唱歌，用于人名上，主要体现女孩子多才多艺，同时也寓意平安顺遂、吉祥如意。

5. 清容　出自《楚辞·沧浪歌》中的“沧浪之水清兮，可以濯我缨”。“容”有容貌、包容的意思，“清”有清澈、明白的意思。“清容”寓意女孩容貌清秀，内心纯洁善良。这个名字一听就让人觉得大气文雅，非常特别。

6. 兮瑶　出自《九歌·大司命》中的“折疏麻兮瑶华，将以遗兮离居”。兮字常见于古诗词中，是一种文雅虚词，入女孩名字显得非常的文雅。“瑶”本义指美玉，用作人名高贵而美好。给女孩起名为“兮瑶”不仅能彰显出女孩的文雅大气，还有古风的韵味，寓意女孩像玉一样珍贵美好。

7. 翼遥　出自楚辞《九章·悲回风》“翼遥遥其左右”。翼寓意展翅高飞，遥寓意广阔的远方。翼遥这个名字寓意男孩子志在远方，本领高强。

8. 正廉　出自楚辞《卜居》“宁廉洁正直以自清乎”。正廉，有正直廉洁、刚正不阿的意思。寓意男孩子有责任感，心系天下，公正公平。

9. 逾明　出自楚辞《七谏·沉江》“叔齐久而逾明”。逾有超过、更加的意思，明有聪明、明智的意思。逾明寓意男孩子聪明睿智，贤能多才。

10. 思衡　出自《九歌》“被石兰兮带杜衡，折芳馨兮遗所思”。思指思考、思维，寓意男孩思维广阔；衡字本义是权衡、平衡，用该字取名，体现父母希望男孩日后成为能权衡轻重、平衡生活的人。思衡寓意男孩善于思考，长于平衡复杂的人和事。

11. 成阳　出自《九歌·九怀》“季春兮阳阳，列草兮成行”，这句诗描绘了一幅春和日丽的美丽春光图，意境非常唯美清新。给男孩起名为成阳，寓意男孩子向阳而生，能做出一番不俗的事业，还体现出了男孩的阳光开朗、帅气逼人。

（四）根据唐诗宋词起名

唐诗宋词是中国文学史上的两颗明珠，唐代被称为诗的时代，而宋代则被称为词的时代。

唐诗内容之广、篇幅之多、水平之高、作者阵容之豪华等，都堪称我国诗歌史的最高峰。唐诗，诗之精华也，它以精炼的文字、和谐的音律、多样的风格和丰富的内涵，成为中华诗作中的经典。俗话说得好，“熟读唐诗三百首，不会作诗也会吟”。唐诗的表现手法分为浪漫主义流派和现实主义流派，当然，还有一些诗融合了这两种手法。宋词则是一种新体诗歌，句子有长有短，便于歌唱。因是合乐的歌词，故又称曲子词、乐府、乐章、长短句等。宋词有豪放和婉约两个流派。豪放派代表人物有苏轼、辛弃疾等，婉约派代表人物有李清照、柳永等。

唐诗宋词在我国文学史上有着举足轻重的地位。对于这么优美的文字，人们往往会加以利用，于是利用诗词来起名也成了一种传统方式，而且广泛的实践证明，这确实是一个非常好的起名方式。唐诗宋词中不乏荡气回肠的文字，好听又有诗意，非常适合给孩子起名。

著名女演员江疏影，其名字出自《山园小梅》中的两句："疏影横斜水清浅，暗香浮动月黄昏。"江疏影本姓江，吻合诗里面水中有疏影、梅花含暗香的意境，这个名字看上去是说影子，其实也包含了梅花高洁的格调。另一个人气非常高的演员刘亦菲，名字暗合李白《感遇其二》："虽言异兰蕙，亦自有芳菲。"寓意像花一样楚楚动人、芬芳怡人。著名数学家苏步青先生，他的名字让人想起王庭圭的《次韵赵文卿因以送行》："看君阔步青云上，莫学书生拥鼻吟。"寓意扶摇直上、平步青云。程开甲为中科院院士，是"两弹一星"的功臣之一，也是中国核研究的开拓者之一，他的名字正好符合"黑云压城城欲摧，甲光向日金鳞开"，而开甲这个名字也表达了父母希望他开拓创新、永争第一的愿望。电竞选手"取悦"原名刘岚清，名字出自刘禹锡的《和重题》："林端落照尽，湖上远岚清。"本意指山里的雾气已经消散，寓意内心明澈、宁静超脱。明末清初的著名歌女柳如是，相貌俊美，诗文、丹青出色，在当时颇有名气。她的名字是后来改的，她非常喜欢辛弃疾的词，名字取自词句"我见青山多妩媚，料青山见我应如是"。这句话翻译成现代意思就是：我看那青山婀娜多姿，想必青山看我也是一样。这个名字是经典中的经典，饱含对生活的热爱以及无比的自信。

以唐诗宋词取名主要注意以下几点：

1. 选取富有正能量的诗句取名　在用唐诗宋词进行取名时，优先考虑正面富有正能量的诗句，可以迅速缩小查找范围。如："一燕海上来，一燕高堂息。一朝相逢遇，依然旧相识。"出自吴均《赠杜容成》，含义是面对大海有勇往直前的气势。提取"一燕"作为女孩名，有勇敢正义、充满正能量、展翅高飞的意思。著名女演员江一燕便是个成功的例子。

2. 选取诗句中最有表现力的字进行组合　在用唐诗宋词进行取名时，不一定非得两个字连在一块组成某个词才行，提炼某两个单字重新组合也很美，甚至会产生意想不到的成就感。看过《家有儿女》的朋友们相信都知道"张一山"，他小小年纪便有很强的表演实力，早早成了个"老戏骨"。"一山"这个名字出自《春台望》的"目极千里际，山川一何壮"，这就是从句子中找到两个本身不是词组的字，重新组合在一起。"一山"这个名字寓意做事情心无旁骛、有始有终，对待梦想认真负责、踏实稳重。

唐诗宋词烟波浩瀚，要想研究诗句的含义以及选到合适的名字需要用不少的时间。这里笔者给大家整理了一些好名字，希望对大家有所启发和帮助。

1. 敬诚　出自《唐明堂乐章·宫音》："藻奠申诚敬，恭祀表惟馨。""敬"这个字指的是有礼貌地对待，尊敬。"诚"指诚实、真诚。"敬诚"这两个字寓意颇佳，指待人接物彬彬有礼，懂得尊师重道，做事情认真仔细，能够脚踏实地，对人对事真诚用心。

2. 俊逸 取自唐诗《春日忆李白》“清新庾开府，俊逸鲍参军”，俊指相貌俊朗，引申为俊俏、高尚、杰出。逸有超越、超凡脱俗的寓意。俊逸合在一起，寓意男孩英俊潇洒、超凡脱俗。

3. 存飞 名字出自明代张元凯的《扬州春眺即事》：“前朝杨柳几株存，寒鸦飞尽芜城路。”存意为生存、保留、余留；飞寓意为自由飞翔、不受拘束。

4. 子康 名字出自唐杜甫的《长沙送李十一（衔）》：“与子避地西康州，洞庭相逢十二秋。”在古时候“子”不仅仅指儿子，也指有学识、有地位的人，在人名中引申为天之骄子之意。同时子作为地支的首位，也有身居第一、众人之首的意思。康意为快乐安定、健康富足。

5. 心莹 出自钱起《山斋独坐，喜玄上人夕至（一作见访）》：“心莹红莲水，言忘绿茗杯。”意思是心灵晶莹透彻，如同红莲上的水珠，交谈甚欢忘了杯子里还泡着绿茶。用作起名，有心灵纯洁剔透的意思，寓意女孩子善解人意、温婉可人。

6. 锦茵 出自杜甫《丽人行》：“后来鞍马何逡巡，当轩下马入锦茵。”锦茵指如花似锦，碧草如茵。锦意为珍贵丝织品，又指鲜艳华丽；茵有百草茂密之意，表示生命力旺盛。寓意女孩子前程美好，锦上添花。

7. 采薇 出自王维《送綦毋潜落第还乡》：“遂令东山客，不得顾采薇。”采薇用作女孩名，形容女孩子气质优雅、芳菲怡人。寓意女孩子勤劳能干，气质出众。

8. 逸兴 出自李白《宣州谢朓楼饯别校书叔云》中的“俱怀逸兴壮思飞，欲上青天揽明月”。逸有超越、超出的意思，兴指兴盛发达。我们都知道，诗仙李白擅长写浪漫主义诗歌，这句诗不仅抒发了男儿的豪情壮志，而且也传达出了一个精神：人都要有理想和抱负，这样才能不负青春和自己。“逸兴”这个名字特别适合男孩，寓意男孩子志向远大、超逸绝伦、兴旺发达。

9. 高霏 出自韩愈的《山石》“天明独去无道路，出入高下穷烟霏”。“高霏”指高处的雾，这个名字给人一种山中烟雾缭绕的意境，同时谐音“高飞”，用作女孩名寓意气质迷人、才华出众。

10. 冠宇 出自唐代张说《五君咏五首·李赵公峤》“故事遵台阁，新诗冠宇宙”。冠宇有超出众人、冠绝天下的意思，这个名字大气磅礴、气质不俗，非常适合给有进取心的男孩子命名。

11. 有期 出自《夜雨寄北》：“君问归期未有期，巴山夜雨涨秋池。”这个名字用作男孩名，会给人阳光帅气、安全感十足的感觉。同时也寓意男孩子前途可期，事业可成。

12. 维扬 出自《江城子·平沙浅草接天长》“欲上治安双阙远，空怅望，过维扬”。其中的“维”指维持、维系的意思，而“扬”字寓意着奋发上进，作为男孩名字体现了开拓进取、永不服输的精神和气质。

13. 星河 出自李清照《渔家傲·天接云涛连晓雾》：“天接云涛连晓雾，星河欲转千帆舞。”星河指天上繁星点点，多得好像一条河一样映入眼帘。给男孩子起这个名字，有一种深远的意境以及与生俱来的高级感。星河这个名字寓意男孩子气质浪漫，有探索精神，胸怀广阔，与众不同。

14. 登临 出自孟浩然《与诸子登岘山》“江山留胜迹，我辈复登临”。登指攀登、登上，临有靠近、亲临的意思。登临寓意男孩子有上进心和行动力，终能达到山顶，成就一番事业。

15. 望晴 出自李白《秋登宣城谢朓北楼》：“江城如画里，山晓望晴空。”望晴指遥望晴空、尽收眼底，营造出一种一览无余、开阔晴朗的绝美意境。女孩起这个名字，寓意心胸开阔、乐观从容、积极向上。

16. 天阔 出自柳永的《雨霖铃》“念去去，千里烟波，暮霭沉沉楚天阔”，“天阔”二字写出了广阔无边的天空。“天”用作人名意指天之骄子，才华出众。“阔”字形容孩子心胸宽广，既有豁达的心境，又能有虚怀若谷的态度，所以非常适合用于男孩子起名。

17. 乐舟 出自孟浩然《经七里滩》：“为多山水乐，频作泛舟行。”孟浩然是山水田园诗派的大家，他的诗都有很美好的意境。“乐”指快乐，“舟”本义指船，当用来取名时，寓意有坚定的目标感和有效的方法、工具等，乐舟这个名字适合男孩起名，可以表达对男孩子快乐成长、学业有成的殷切期望。

18. 可悦 出自《温汤对雪》：“表瑞良在兹，庶几可怡悦。”“可”指适当、能够。“悦”指喜悦、舒畅、顺利。“可悦”寓意女子善良美丽，笑口常开。

19. 弄影 出自大文豪苏轼的《水调歌头·明月几时有》：“起舞弄清影，何似在人间。”意思是翩翩起舞，玩赏着月下清影，哪像是在人间？弄影这个名字作女孩名有一种婀娜多姿、惊艳众生的感觉，寓意女孩子面容姣好、气质高雅、多才多艺。

20. 灵畅 出自唐诗《五郊乐章》：“七德九功咸已畅，明灵降福具穰穰。”灵意为聪明灵巧，而畅意为畅达快活。这个名字寓意女孩子聪明伶俐、心情舒畅，能在未来一帆风顺，锦绣年华尽握手中。

21. 枝意 出自宋祁《玉楼春·春景》：“绿杨烟外晓寒轻，红杏枝头春意闹。”枝是由植物主干上分出来的茎条，具有象征意义，即每一个新生儿都是父母生命的延续。意有心意愿望之意，放在名字中包含了父母对孩子的期望和爱意。“枝意”谐音“知意”，此名可表达父母相知相守、心意互通。

22. 莫喧　出自杨万里《赋松上鸥》："偶听松梢扑鹿，知是沙鸥来宿。稚子莫喧哗，恐惊他。"莫字本身带有否定的意味，一般来讲不太建议放在名字中。不过，只要不是寓意十分不好的字，搭配得好也可以有很不错的效果。莫，即为不要；喧，有喧吵、喧闹之意。因此莫喧寓意低调娴静、清新淡雅。

（五）根据其他名著起名

除了唐诗宋词、成语、四书五经等，中国古代文学史上有太多值得赏析和品鉴的文学经典。现举一例以供参考。

景和　出处：范仲淹《岳阳楼记》"至若春和景明，波澜不惊，上下天光，一碧万顷"。

译文：到了春风和煦、阳光明媚的时候，湖面平静，没有风浪，天色湖光相连，一片碧绿，广阔无际。

景字的本义是指亮光或日光，又引申指景象或风物。景字常用在男孩名字中，有成语"高山景行"，比喻有着高尚的品德。加上一个"和"字又能够体现出男孩"温润如玉，清平和允"的气质。

三、利用文字特性起名妙笔生花

在名字中使用数词，可以收到超乎寻常的效果。因为数词具有其他汉字所没有的优势，能够发挥一般汉字所不可替代的作用，有很强的表现力。在名字中恰当地使用数词，能使其像一条红线把颗颗闪光的珠玉串起来，组合成熠熠生辉、活泼的名字，这就是我们所说的数词构思法。用简单的数字起名成功的例子有很多，如于一川：河水清澈见底，成千上万的鱼儿在自由地遨游，快乐无比。李双江：两岸江水夹明镜，李树开花飞雪来，好一个洁白迷人的世界！马冠三：骏马踏云飞，英冠三载归。毕四海：四海统一毕，江山更壮美。徐百川：百川徐徐归大海，千难万险志不改。沙千里：茫茫戈壁千里沙，好儿壮志不恋家。誓与孤烟比高低，凯旋门前戴红花。杨万里：高扬垂天翼，鹏程万里行，多么宽广的胸怀和志向！数词往往有些习惯用法，比如"一"与"十"常常表示完全或圆满，"十"可以表示多，"一"既可以表示少又可以表示多。"二"与"四"往往用来表示成双成对或相互对称；"五"与"七""八"往往表示各种各样。以"一"为例，在名字中它有多种用法，例如表示数量少、不多，如闻一多；表示一个、一次，如郑一搏、陈中一、丛一叶；表示专一、集中，如杨思一；表示开始、开端，如王一鸣；表示一样、同一，如万众一、成如一；表示全、满，如于一川；表示整齐、化一，如李化一、归如一；表示排在最前面的序数，即"第一"，如郭占一；表示一旦、一经，如顾一失；用在某些词前面加强语气，如钮一河、何一至等。名字中的数词，只要运用得妙，就能恰当地表情达意。

四、结合父母姓氏起名让爱意长存

孩子是父母爱情的结晶，孩子可以说是因为父母的爱而来到世界上的。假如给孩子取一个包含爸爸姓名和妈妈姓名的名字，每当孩子看到自己的名字，就会知道自己出生在一个充满爱意的家庭中，会觉得很温暖。另外将父母二姓相结合是合乎情理的，姓名之中含有父母的姓，一方面表示血缘关系，同时有利于男女平等观念的展现。可以说，父姓结合母姓给孩子起名，是很浪漫的取名方式，为越来越多年轻父母所青睐。著名影星陈妍希和陈晓的儿子，取名叫“陈睦辰”，谐音“陈慕陈”，正好两人都姓陈，不分先后，不管是陈妍希爱慕陈晓，还是陈晓爱慕陈妍希，他们的孩子绝对是父母相互爱慕和呵护下诞生的宝贝。

1. 直接用父姓＋母姓　孙杨是中国男子游泳奥运冠军，他出生于浙江体育世家，父亲孙全洪曾是排球运动员，母亲杨明也曾是浙江女排主力。孙杨不仅名字取自父母姓氏，也遗传了父母的运动基因。杨这个字还有杨树高大挺拔的意思，孙杨就像他的名字一样高大俊朗。新生代的明星蔡徐坤，原名蔡泽坤，成为艺人后打算改名，因他的父亲姓蔡，母亲姓徐，便顺势改名蔡徐坤，听起来颇有深意，而且毫无违和感。

2. 父姓＋母姓，中间用一个词连接　中间这个词非常有讲究，主要有几种选取思路。一是可以用表示互相爱慕的动词，比如艾、悦、恋、喜、心、慕。比如可以起名为陈爱周、张慕白、方恋蓝等。二是可以用表示相知相许、相互思念的动词，例如知、许、念、思、想等。比如可以起名为贺知刘、王许安、李念罗等。三是可以用互相扶持关照的动词，比如：佑、予等。父姓宋，母姓杨，可以起名为宋予杨。“予”字本义是给予的意思，但用作人名，可以引申为关怀和体贴的意思。这个名字可以很好地纪念和表达父母之间的感情。

3. 父姓＋母姓谐音　有时候父母姓很难拥有合适的搭配，这就需要运用谐音。比如郑合惠子，她是个地道的中国人。据郑合惠子说，她的名字是爷爷为她起的，因为爸爸姓郑，妈妈姓何（取用何的谐音），爷爷希望她以后贤惠，所以就是郑合惠。但是听起来比较不舒服，所以爸爸就给她加了个“子”字，希望他像男孩子一样坚强。由此看来她的名字是很有寓意的，是一家人对她的祝福。

4. 父姓＋母姓拆分重构　有些姓氏读音和谐音都不适合组合，这时可以把姓氏拆开重构。比如李可以拆为木和子，胡可以拆为胡和月，雷可以拆成雨和田。那么如果父姓张、母姓李，孩子可以起名为张木子，也可以起名为张子木，或者张子林等。

五、按时间起名顺应天时

1. 根据干支起名　天干共十个：甲、乙、丙、丁、戊、已、庚、辛、壬、癸。地支共十二个：子、丑、寅、卯、辰、巳、午、未、申、酉、戊、亥。

十天干和十二地支依次组合成六十个单位，从甲子开始到癸亥终止，称为一甲子。古人用这一方法记载年、月、日，循环不断。中国现代集历史学家、古典文学研究家、语言学家、诗人于一身的陈寅恪先生，生值寅年，恪则寓意谨慎而恭敬。著名爱国华侨领袖、企业家、教育家、慈善家、社会活动家陈嘉庚先生原名陈甲庚，便是按天干地支起的名，后来用甲的谐音嘉代替了甲字。

2. 根据季节起名　在给孩子起名时，根据出生的季节起名字，是记住生日的好方法，也是我国民间常用的一种起名方法，如果起好了别有一番味道，富有诗意。以春为例，好多人在给孩子起名字时愿意选用此字为名，其中的重要原因，在于“一年四季在于春”。“春天”总是给人生机盎然的感觉。《红楼梦》中贾宝玉的四位姊妹：元春、迎春、探春和惜春，按名字依次排列为“原（元）应（迎）叹（探）息（惜）”，即暗寓“原本应该叹息”之意。她们从大小姐元春到四小姐惜春，年龄由大到小，非常巧合的是，她们的名字中“元”“迎”“探”“惜”笔画数亦按由少到多有规律地排列。“四春”的起名还由于她们与春季有关，生日上亦由初春到晚春顺序排列：大小姐元春生于大年初一、二小姐迎春生于立春、三小姐探春生于上巳日（三月初三）、四小姐惜春生于芒种。以“春”字命名，往往有两种方法：一种是直接用“春”再加上其他的能够连在一起的字组一个词，作为名字；另一种是间接选用与“春天”有关的词语来命名，例如三春、青杨、韶节、阳节、艳阳、青春等。其他几个季度的起名方法大致相同。下面是按春、夏、秋、冬四季排列下来的季度的不同叫法，以供参考。春有如下不同叫法：三春、青阳、韶节、苍天、阳节、九春、阳季、淑节、阳春、青春、莺飞、泰春、华节、望杏等。夏有如下不同叫法：三夏、朱明、清夏、炎夏、炎亭、朱夏、朱律、炎节、繁星、长虹、郎天、焱、长赢等。秋有如下不同叫法：三秋、素商、凄辰、金秋、九秋、高商、商节、素节、白藏、寒秋、秋菊、泰秋、爽节等。冬有如下不同叫法：三冬、严节、元冬、九冬、清冬、安宁、冬辰、元序、飞雪、寒冰、朔风、严冬等。

3. 根据月份起名　父母也可按照孩子出生的月份给孩子命名，中国的每个月份都有自已的称呼，并且同一月份的称呼也不尽相同，只要善于仔细观察，就可以发现其中的不同含义。

每年农历的第一个月称为正月，又称为孟春、首阳、新正、复正、三之日、元月、初月、孟阳、开发、早春、征阳等。

第二个月称建卯、仲春、夹钟、竹秋、仲阳、令月、花月、如月、杏月、大壮、同月等。

第三个月也称建辰、季春、末春、暮春、莺时、蚕月、辰月、桐月、樱笋等。

第四个月份称中吕、阴月、麦月、建巳、孟夏、初夏、维夏、槐月、麦秋、乏月、梅月等。

第五个月称午月、薄月、皋月、炎月、天中、建午、小刑、仲夏等。

第六个月称暑月、旦也、末月、荷月、莲月、焦月、秀月、伏月、季夏、征暑等。

第七个月称初秋、上秋、首秋、兰秋、建申、兰月、霜月、新秋、杏月、瓜时、巧月等。

第八个月称桂月、壮月、仲秋、南吕、建西、仲商、中秋、正秋、竹小春等。

第九个月称菊月、玄月、成月、朽月、青女月、建成、季秋、无射、凉秋、正秋等。

第十个月称坤月、玄月、阳月、正阳、建玄、孟冬、应钟、上冬等。

第十一月称子月、龙潜月、畅月、复月、建子、黄钟、一之日等。

第十二月称末冬、残冬、暮冬、建丑、季冬、大吕、腊月、临月、冰月、严月等。

4. 根据节气起名　“二十四节气”是我国劳动人民智慧的结晶，是农耕社会指导生产生活的重要指南，其中饱含了中国人对自然时序的敬畏之心。有时二十四节气亦可作为给孩子起名时的依据，兹列于下：立春、雨水、惊蛰、春分、清明、谷雨、立夏、小满、芒种、夏至、小暑、大暑、立秋、处暑、白露、秋分、寒露、霜降、立冬、小雪、大雪、冬至、小寒、大寒。其中，清明较少使用。用二十四节气起名，可以直接用节气名称，也可以用节气对应的诗句中提取的文字。这里把二十四节气以及其对应的诗句列出来，大家可以从中提炼。

立春：今日立春遇人日，问天肯晴天不应。雨水：天街小雨润如酥，草色遥看近却无。惊蛰：春回九九艳阳多，一声惊雷蛰虫醒。春分：天将小雨交春半，谁见枝头花历乱。清明：春城无处不飞花，寒食东风御柳斜。谷雨：绿嫩难盈笼，清和易晚天。立夏：绿树阴浓夏日长，楼台倒影入池塘。小满：乡村四月闲人少，才了蚕桑又插田。芒种：水国芒种后，梅天风雨凉。夏至：接天莲叶无穷碧，映日荷花别样红。小暑：倏忽温风至，因循小暑来。大暑：大暑三秋近，林钟九夏移。立秋：云天收夏色，木叶动秋声。处暑：去岁此悲秋，今秋复来此。白露：蒹葭苍苍，白露为霜。秋分：一年好景君须记，最是橙黄橘绿时。寒露：若为寥落境，仍值酒初醒。霜降：泊舟淮水次，霜降夕流清。立冬：秋风吹尽旧庭柯，黄叶丹枫客里过。小雪：久雨重阳后，清寒小雪前。大雪：窗含西岭千秋雪，门泊东吴万里船。冬至：天时人事日相催，冬至阳生春又来。小寒：江雨蒙蒙作小寒，雪飘五老发毛斑。大寒：苦寒勿怨天雨雪，雪来遗我明年麦。

5. 根据出生时刻起名　以孩子的出生时间起名，是我国人民最喜欢的传统起名习俗之一。以出生时间起名，有多种不同的具体方法，下面介绍几种主要的。

（1）以出生的时辰起名。古人常用十二支表示十二个时辰，每个时辰恰好等于现代的两个小时。近代又把每个时辰分为初、正，“子正”即夜晚12点，“申初”即下午3点。有些人习惯采用这种计时方法给孩子起名，下面是几个例子。酉：著名相声演员侯宝林的乳名叫“小酉儿”，因为他出生于农历十月十五日酉时（即下午5～6点），又因北京人习惯用儿化韵，前加“小”后加“儿”，就成了“小酉儿”。旭初：邓拓的乳名。父亲邓欧子给他起这个名，是因为他出生于清晨之时。旭贵：陈郁出生在海员家庭，父亲因他出生在辰时（即上午7～8时），旭日东升，又因自己是海员，最喜欢早晨的太阳，故给孩子取“旭”字。祖母认为孩子一出生满屋金光，可见将来是会兴家立业的，起“贵”字。这两个字代表两代人的心愿，合在一起，“旭贵”成了陈郁的初名。正午：文学史家杨公骥于1921年1月16日午时整出生于河北省正定县，祖父为其起名正午。凌凌：出生于凌晨零点，用谐音字表示。

（2）以出生日起名。庆春：老舍，原名舒庆春，生于清光绪二十四年农历十二月三十日（1899年2月3日），即农历“立春”第一天，父母给他取名“庆春”。国庆：即出生日是10月1日中华人民共和国国庆日。正一：正月初一出生。

（3）以出生月或季节起名。冬生：教育家吴贻芳于1893年1月出生于湖北武昌，家人给她起了个别名冬生。喜麟子：关向应是他父母生的第一个儿子，又出生在收获庄稼的金秋季节，祖母给他起名喜麟子。蜡梅：腊月出生的女儿。

（4）以出生年起名。我国古代多以干支纪年，十干和十二支依次组合六十单位，称一甲子；“一甲子”轮完后又重新开始，这种纪年法到今天仍使用，如1992年也叫壬申年。一些人的名字叫作庚辰、辛卯等，就是根据干支纪年而取的，使别人一望而知其出生年份。用干支纪年起名，有的人只取其中一个字为代表，如乙丑年出生者，起名为张乙。还有用生肖来表示年份的，每个属相代表一年，与十二个地支搭配：子鼠、丑牛、寅虎、卯兔、辰龙、巳蛇、午马、未羊、申猴、酉鸡、戌狗、亥猪，十二年轮回一次。如出生在1985、1973、1961、1949、1937、1925、1913、1901年等都属牛，民间喜欢给这些年份生的孩子起小名为“小牛”“阿牛”“牛仔”等，这种以干支、生肖纪年起名的方法，称得上是我国独特的起名方法。

六、 按万物起名别具匠心

1. 根据出生地起名 以地点命名，在我国上古时代姓氏产生之初就有例子，如神农居住于烈山，也称烈山氏；黄帝居住于轩辕，也称轩辕氏。古人也有以当官任职地方的地名取名的，称为地望称、宦地称，这种情况通常是因为该人在该地为官日久、政绩卓著或贬谪降职，这地方对他的一生产生了重大影响。地望称、宦地称，一般是非正式的名字，往往由他人、门生或后人称呼，如东汉孔融因曾出任北海相，人称孔北海；东晋大诗人陶渊明曾任彭泽令，世人称其陶彭泽。以出生地起名的例子还有：唐代文学家柳宗元，人称柳河东（唐代山西河东，即今山西永济人）；北宋政治家、文学家、改革家王安石，人称王临川（江西临川人）；明代戏曲家汤显祖，人称汤临川（江西临川人）；近代资产阶级改良派代表人物康有为，人称康南海（广东南海，即今广州人）。古人以地望或宦地相称，一方面表明了深重的乡土情结，另一方面也反映了“父母在，不远游”的传统伦理观念。而今人以地取名，其地名多选出生地或籍贯等，表明对故土的感情，反映了环境、生活对人的影响。以出生地或祖籍地取名的习俗有以下几种：

（1）以孩子出生地点取名。出生地的范围有大小之分，小到出生的家庭、医院、村庄，大到出生地所在的县、市、省份等，它们的名称都可以借来给孩子取名，例如京生、粤生、台生等。现代艺术大师黄滨虹，本名质，他的家乡在安徽省歙县西乡的潭渡村，村中有一座桥的南端有一个亭子，叫“滨虹亭”。为了寄托对故乡的思念，他以“滨虹”自号而常用，最后以“滨虹”传世。著名歌唱演员关牧村生于古时著名的牧野之战的发生地，今天的河南省新乡市牧野村，她的母亲为了让她不忘生养她的家乡，给她取名牧村。

（2）以祖籍所在地取名。现代人为了事业，为了自己的追求等，常常四海为家。但月是故乡明、人是故乡亲，他们对故乡仍有深厚的感情，因而他们在为孩子取名或为自己改名时往往使用祖父或外祖父母的籍贯，以表达对故乡、对亲人的眷恋和思念。许多人曾响应党的号召，远赴甘肃、青海、新疆、宁夏、云南、贵州、广西等西部省、自治区支援边疆建设，他们爱以籍贯给孩子取名，如黄粤、忆辽、思湘、望南等。

（3）以父母原籍所在地取名。这种名字基本上使用同一种格式，承父姓或母姓，取父母原籍的简称而为名。因此，以父母原籍起的名字一看便知。以父母原籍地取名又可分为两类：单取父亲或母亲原籍命名的，如刘豫（河南）、李湘（湖南）、刘鄂（湖北）等；组合父母原籍命名的，如关京粤（北京和广东）、王晋津（山西和天津）、李蜀晋（四川和山西）、周黔滇（贵州和云南）等。

（4）以有特殊意义的地点取名。有些地点对孩子或对父母具有特殊意义，也可以取之为名，以示纪念。如郑成功小名福松，颜兴的《郑成功复明始末记》云："因产于苍松之下，故取名福松。"

2. 根据风景名胜起名 苏轼的"江山如画"、毛泽东的"江山如此多娇"等优美词句，说的都是山水景观的雄伟壮丽、多姿多彩。中国地大物博，名山大川不可胜数，自然风景美不胜收，兼以文化底蕴十分丰厚，自然留下许多有关风景名胜的好词绝句。

"仁者乐山，智者乐水"，中国人向来喜山乐水，尤其喜欢寄情于山水之间。而且，人们也经常用山水景观文字取名，借名字来寄托自己的情感和志趣。以山水景观取名主要有以下几种方法：

（1）以山川来取名。这种取名方法或者用与山有关的词语，或者直接用山川的名称。如五代名将吴峦，宋代画家李嵩，诗人黄庭坚的别号山谷，明代大臣吴山，清代经学家孙之骤的表字晴川，现代作家许地山，诗人萧山、冯雪峰、韦丘，军事家陶峙岳等。

类似的名字还有姚崇山、黄碧山、谢春山、方远山、李奇山、高峰、马云峰、陈剑峰、王秋山等。

与山有关的、常用于人名的字词主要有山、峰、岳、峦、岱、云山、明山、如岱、松谷、秋池、香海、月岩、晴岳、雪峰、崇山、碧山、青山、苍山、春山、秋山、远山、雨山、雪山、雾山、奇山、金山、玉山、高峰、奇峰、云峰、剑峰、峥嵘、山峰、山岚、山岳、石山、成山等。

（2）借江河湖海来取名。用与江河湖海有关的词语取名比较常见。具体人名有：文学家周密别号苹洲，元代画家王渊，清代画家髡残别号石溪，篆刻家王泽，学者郑江，现代诗人流沙河，现代作家张恨水等。

类似的人名还有王大河、常河、黄河浪、范长江、夏玉泉、高清波、王秋湖、丁镜湖、李晨湖、吴春湖、张清池、张玉池、葛碧潭、方春潭等。

与江河湖海有关的、常用于人名的字词主要有江、水、涛、波、海、黄河、长江、小川、大川、春江、秋江、清江、寒江、江涛、江波、清波、洪波、秋波、碧波、碧浪、烟波、雪浪、春泉、清泉、玉泉、碧潭、春潭、秋潭、清塘、碧海、明海、大海、金海、海波、海涛、海华、澎湃、波光、湖光、银波、秋湖、安湖、静湖、春湖、清池、玉池、春池、秋池、青海、海滨、海风、海洋、海子等。

（3）借原野城乡来取名。原野城乡主要是指大自然中的一些山水地貌以及人文建筑，如平原、丘陵、森林、城镇、乡村等。具体人名有经学家邹泉、清代词人许田、书法家田锡田、戏曲家丘园、现代作家陆地、诗人李广田、当代著名演员李保田等。

类似的人名还有陈平原、高原、黄山原、古原、林雪原、方原、吴秋野、金林、田园、麦香、谷川、邱泽、高路、古江城、王雪城、刘泉城、李仁堂、张寿堂、徐城北等。

与原野城乡有关的且常用于人名的字词主要有原、田、野、林、城、路、秋野、林海、茂林、金林、玉林、春林、秋林、枫林、松林、森林、田野、碧野、稻香、春泽、秋泽、云路、玉路、山林、树林、林地、林海、田地、田野、雪野、平原、高原、山原、雪原、芳原、江城、泉城、玉城、春城、长城、乐城等。

以山水景观取名，用字平凡而寓意深刻，容易取出好名字。生活环境、志趣爱好与名字往往会紧密联系在一起。

用“写景寓情法”起名，首先要有丰富的词汇储备，必须以熟悉并掌握大量的写生词语为基础。除了前面提到的花草树木、吉祥鸟兽、色彩、金属、珍宝等，还有许多字词可以用来起名。

汉语的词汇量是十分庞大的。我们在丰富的词汇宝库中选择适当的词语，结合姓氏进行艺术加工，就可以构思组合出优美、深刻的名字来。举例来说，高山晴：意指高山一样的深情。但用“晴”字比直接用“情”字更含蓄、婉转、更有深意。“晴”即晴好、晴朗。大家知道，人的心情往往会随天气的变化而受到影响，天气晴朗，心情也会舒畅、安详，对眼前的景物也往往容易充满感激、注入深情，“高山晴”这个名字准确地表达出一个人对生活长期以来所蕴藉的情意和深深的谢意，以及回报生活的一腔热情。又如史存阁：万卷史书阁中存，欲览青史请登临，你我之“史”何处存，能否入阁留后人？似乎是“好大的口气”，其实是“偌大的志气”！再如陆芳原：芳草青青，春树葱葱，原野渺渺，碧云接天。运用“写景寓情法”起名字时，要注意出“奇”。起名犹如著文，必求深、新之意才好，以避免俗套和雷同。

3. 根据色彩起名 单色调的东西让人压抑烦躁，和谐的色彩使人愉悦、欢快、舒畅，引起视觉上的兴奋和心理上的快感。我们所赖以生存的世界是万紫千红的。大自然因为有了色彩才如此多娇、美丽，缺乏色彩的世界将是无法想象和难以忍受的。人们对色彩的喜爱也常常表现在对自己或子女的起名上。所谓“色彩组合起名”，就是用绚丽的色彩用字起名，使名字熠熠生辉、闪耀着七彩的光泽。我们先来看一看下面这些包含色彩的姓名。红象征萧红、阿红、李满红、满江红、万山红、山里红、周红兴、任红举、顾正红、赵丹、朱丹、宋丹丹、陈丹晨、汤晓丹、刘志丹、朱彤、林丹姬、谢丹燕、丹彤、缨彤、孙彤辉、魏荔彤、钟赤兵、王赤军、吴荆赤、朱世赤、邓赤中。橙象征龚橙、江橙里、李驰橙。黄象征周金黄、康振黄、陈黄中、乐黄目、杜黄、欧济黄。绿象征葛绿、赵绿吟、李绿顺、邹绿芷、贺绿汀、张碧、崔碧、温碧霞、徐碧波、郑碧云、曾碧莹、苏双碧、傅崇碧、王绍碧、刘碧云。青象征艾青、柳青、卫青、苏步青、叶青山、王青林、林青霞、刘青云。蓝象征于蓝、柯蓝、天蓝、刘蓝生、王采蓝、李蓝炎。紫象征叶紫、麦紫、马紫晨、王紫涛、崔紫云、赵紫宸、张紫芝、高星紫。白：李白、沙白、刘大白、俞天白、瞿秋白、王白石、刘白羽、黄辛白、陈白尘、杨素、危素、李素文、于素风、王素兰、秦素萍、张仲素、艾素望、陈素馨。除了红（丹、彤、赤）、橙、黄、绿（碧）、青、蓝、紫、白（素）几种色彩之外，名字中常用的色彩词汇还有黑、乌、墨、黛、玄、褐、皓等，如林黛玉、于黑丁、葛墨林、孙墨白、肖乌野、乐黛云、李玄深、张褐等。为什么这些反映色彩的词汇常常被人们选中作为名字呢？

第一，因为这些色彩往往比较形象、鲜明，不容易被人遗忘，可以体现个性、抒发情感。第二，色彩词汇具有某种象征意义，可以使名字的内涵和外延更加丰富、耐人寻味。在我们的传统文化中，几乎每种色彩都有它的象征意义，如红象征赤诚、热情、无私、奔放、热烈、兴旺、健壮、胜利、光辉、爱情、献身精神。橙象征活泼、兴奋、鲜艳、明亮、动感。黄象征忠诚、尊贵、温和、光明。绿象征柔嫩、希望、生命力、清新、开始。青象征沉着、冷静、茁壮、坚毅。蓝象征清爽、干净、开阔、明朗。紫象征高贵、典雅、深奥。

4. 根据植物起名 植物的光合作用给世界带来了更美好的环境。各个民族都有自己喜爱的花草树木，以花草树木给孩子起名，表达了人们对自然生态的热爱，借植物的特征寄予了对孩子的某种期望和寄托。以松、柏、榕、槐等高大而树龄长的树木起名，象征雄伟挺拔和富有生命力；以牡丹、梅、菊、兰、荷等起名表示漂亮、美丽、娇艳或秀雅、韵致。中国人习惯了同自然共存，常常借花木及其他景物的自然属性来比喻人的社会属性，因此人的某些特性与花木的某些特性常合而为一。用花木起名，男子名多阳刚、果敢之气与正直、淡泊、高雅之情操；而女子的名字多阴柔、纤巧、妩媚，往往被限定在风花雪月、芝兰禽鸟的范围之内，用词本身都有一种美艳和清丽感。以松起名，甚为广泛。《论语》云：“岁寒，然后知松柏之后凋也。”后凋，实际是不凋、长青。松柏耐寒而又常青的自然特性被引申理解为抗击严寒而能保持自身不变的社会品性和坚强不屈的精神。以松起名，多取其精神与品性之象征意义，常用的有如松、青松、石松、劲松、寒松、松青、松玉、松强、松德、松鹤、松立等。杨柳亦常入名。由于杨柳对环境有较强的适应能力，又早于其他树木发芽、长叶，因而被认为是春的使者；加之垂柳等婀娜多姿、风流可爱，在人们的审美活动中占有一定地位。《诗经·采薇》有“昔我往矣，杨柳依依”之句。惜别折柳，清明插柳早已成为习俗。人们也习惯了取杨、柳等字为名，以显得活泼可爱、富有生命力。单名如白（姓）杨、杨（姓）柳，双名如柳依、柳滨、柳青、春柳。古人称梅兰竹菊为“四君子”，称松竹梅为“岁寒三友”。“山有嘉卉，候栗候梅”，《诗经·四月》里的诗句说明梅是人们最早喜爱的花卉之一。梅，花姿秀雅、风韵迷人、品格高尚、节操凝重。有人叫冬梅、雪梅，是说梅耐寒；有人叫春梅，是说梅报春早；有人叫香梅、梅芳，是说梅有清香。古人还把梅花的五瓣比喻为长寿、福贵、康宁、好德、善终五福，民间常在新春贴一张“梅开五福”的横额。古今文人赞梅、咏梅、写梅的诗、文、画甚多，而现代民间起名带梅字的亦众，如评梅、寒梅、玉梅、笑梅、爱梅、梦梅、景梅、艳梅、香梅、梅芳、梅玉、梅芬、梅竹、梅姿、梅影……“姑娘好像花儿一样”，人们常用花来比喻女性的美貌。父母爱把自己的儿女称作园中的鲜花，某女子长得漂亮好看，人们喜用“羞花闭月”来夸张形容，或以牡丹、芙蓉等花相比。自然界百花齐放、万紫千红，以花给女孩起名，更显出女孩的娇美、艳丽。牡丹素称国色天香、花中之王，以其为名，取其雍容华贵、艳美富丽。兰花是我国传统名花，纤美精致，婀娜多姿，奇异潇洒，清新高雅，幽丽素净。以其为名，除取花色之外，空谷幽兰，能寄托幽雅之情、高洁之志。菊花与兰花同为花中君子，它傲霜挺立、凌寒盛开、花姿绰约、高雅秀逸。以其为名，能彰显志向、突出自身的人格魅力。

七、按对孩子的期望起名寄托祝愿

给孩子起名字寄托了家长对孩子的期望，因此，根据对孩子不同的期望来给孩子起名字是特别常见的方法和手段。对孩子的期望不外乎以下五种情况：

1. 期望孩子博学多才 在当今社会，竞争压力巨大，要想脱颖而出，必须要有过人的才华。所以作为父母非常希望自己的孩子学业有成、博学多长，练就真本事。这些代表聪明睿智的词汇适合用于此种情况：彦、硕、典、诗、闻、智、拓、思、博、渊、华、通、章、卓、哲、聪、敏、颖、灵、睿、慧、艺、才、尖、高、迪、明、晓、显、知、晰、维、学、悟、文、书、勤等。

2. 期望孩子品德高尚 小赢靠智，大赢靠德。一个人用小的聪明可以获得小的成功，可以实现短期的利益和目标。但是如果想干大事，除了小聪明，还要有好的德行，才能持续获得人们的信任和支持。所以很多父母把好的品行

看作是最重要的品质，因此起名字也是围绕端正的德行来展开。很多汉字都包含着道德规范要求在里面，如蔼、仁、容、德、轩、贤、良、伦、正、清、义、诚、直、道。但这并不意味着随随便便拉过来一个字配上姓就能成为好名字，父母必须要同时考虑姓与名如何匹配的问题。

品质是一个人修养的重要方面，衡量一个人的标准之一就是看其品质。当然，品质好坏，在不同社会、不同历史时期，标准是不一致的。品质包括多个方面，如对人要宽宏大量、与人为善，对己要自恭自谦；在生活上要克勤克俭；在言行上要谨言慎行，言而有信；在礼仪上要礼节周到等。中国人起名，当然是以中国人的道德标准以及当时的风尚作为参照系。由于中国人受儒家文化影响至深，因而中国人在起表现品质意义的名字时，主要是以儒家的道德观作为标准。由于品质包括很多方面，在这里就只能涉及其主要方面，择其要点来分析。

（1）从品质总的方面起名。有的人起名不具体涉及品质的诸多方面，而是从总的方面来取名。这类名字不多，试举几例：程修己，唐代人，画家。“修己”即“修身”，就是使自己品质高尚，只有自己品质高尚，才能得到敬重。高汝砺，金代人，字岩夫。砺就是磨刀石，像用磨刀石磨刀一样严格锻炼自己的品质，比“修己”意义更深一层。程正己，明代长治人，字道先，号澄源，万历进士。“正己”取“正人先正己”典，联系名与字、号，意为只有自己做到正直，然后才能要求别人正直；只有自己作出榜样，才可以正本清源。程楷，明代人。楷，即楷模，只有自己成为楷模，才能要求别人。贾伟节，宋代开封人，进士，曾任江淮发运副使。节即节操，伟即壮美，伟节就是节操高尚美好。于省吾，“省吾”出于《论语》：“吾日三省吾身。”即反省自己。陈三省，同样出典于“吾日三省吾身”，三省即多次反省。盛度，宋代人，字公量，进士。度与量字义相近，意为自己品质的高度要由人们来衡量。龚自珍，晚清著名诗人，自珍意即自我珍重，也就是要注重自我修养。在品质总的方面，尤其使人注意的是重“德”，反映在起名上，就出现了多以“德”字入名的现象。沈德潜，清代人，字确士。“德潜”的意思就是德深、德高。张昭德，昭德就是让德昭然于世。刘德重，取德高望重之意，即品质高尚。崔德甫，德甫乃德好，即品德良好。

（2）从品质各个具体方面起名。个人品质的各个方面都有具体内容，取名时根据各人所愿，就各有所择。对于这些方面，让我们分开来讲一讲。①对人要重义、宽宏、忠诚。方从义，元代贵溪人，从义即跟随义行。毛思义，明代阳信人，弘治进士。思义即时时都要想到、注重道义。周义山，汉代汝阳人，字季通，义山即义重如山。盛以弘，明代人，字子宽，万历进士，官至礼部尚书。弘与大同义，以弘就是胸怀大度，联系名与字，其意为对人要宽宏大度。

黄忠诚，忠诚表示对人忠贞、诚实。②对己要自恭自谦，重贞重节。留恭，宋人，字伯礼。恭意为恭敬顺从，留恭就是留住恭谦，显然是希望保持自恭。王克恭，宋代南安人，字彦礼，淳熙进士。克是能的意思，克恭即能恭。盛汝谦，明代桐城人，字亨甫，嘉靖进士，曾任户部侍郎。汝谦即对人要谦虚。此人性格敦实，恰好与其名相符。孔贞元，明代人，字百原。贞元即元贞，元有开始、根本之意，贞之意为忠贞、坚定不变，元贞就是保持原有的忠贞，不妥协改变。王克贞，庐陵人，字守节，南唐进士。克贞即能保持忠贞的品德。王尚廉，明代金坛人，字清宇，贡生。尚廉即崇尚廉洁。程思廉，元代人，字介甫。他一生刚正，常思清廉，真是名副其实。于仕廉，明代人，字元贞，万历进士，有清望。仕廉即为官要清廉。③慎言慎行，言而有信。于慎行，明代东阿人，字可远，后更字无垢，隆庆进士。联系名与字来看，意为行为要谨慎，这样才能走得更远。后改字无垢，即追求完美。于慎思，慎行之弟，字无妄，号航隐。联系名与字来看，其意为三思而行。韩信，汉代将军，单名“信”字，以强调做人要守信。④注重礼仪。于守礼，明代莱阳人，字仲仪。守礼、仲仪，都是重礼仪的意思。程端礼，元代人，字敬叔。端礼即礼节周到。田厚仪，现代人，厚仪即注重礼仪。⑤生活上克勤克俭。方克勤，明代海宁人，字去矜，洪武间擢济宁知府。克勤即能够勤俭，去矜即排除骄矜、注重勤俭。我国劳动人民历来勤劳朴实，所以用有这方面意义的人名者颇多。

3. 期望孩子身体健康、姿容俊美 如果你是一位父亲或母亲，你当然会希望自己的孩子长得身体健康、外表俊秀。下面这些字就意味着健康与漂亮：俊、威、英、健、壮、焕、挺、帅、秀、伟、武、雄、巍、松、柏、山、石、婵、娟、姣、妯、婷、姿、媚、婉、丽、妧、美、倩、兰等。

契诃夫说：“一个人，只有他身上的一切，他的容貌，他的衣服，他的灵魂和他的思想——全是美的，才能算作完美。”爱美之心，人皆有之。不管自己的孩子长相如何，家长们都认为其俊美超群，至少在内心里希望如此。因而起名时，寄传此意也很正常，这类例子更是不计其数。陈世美是民间故事里著名的忘恩负义之人，人虽不好，名字却是绝佳：世美，世上美者。王士俊，清代平越人，字犀川，进士。士俊意即此人漂亮。此外还有王俊雅、王俊娟、杨俊仪、宋佳、向丽、丽美、谌容、蒲英姿、刘巧丽、刘盖丽、张珍丽、贺秀、黄娇丽、张俊杰、胡俊伟等。照这种思路起名的方法大致有以下几种：

（1）以花喻人起名。花是一种非常美的、赏心悦目的植物，人们都非常喜爱它，常用于女性的名字以表示美好、靓丽、祝福之意，例如张秋花、李春花、郑花龄、王秀花等。另外以具体的花来起名的也很多，例如梅字有殷秀梅、史冬梅、梁春梅、朱艳梅、张雪梅、杜凌梅、杨梅、董梅、卢爱梅等；兰字有若兰、秀兰、玉兰、晓兰、兰心、兰慧、洁兰、美兰、君兰、玫兰等；竹

字有林秀竹、石竹韵、刘凤竹、丛竹林、叶竹青、吴若竹等；菊字有艾秋菊、石菊华、李秀菊、剑菊、爱菊、黄菊慧、华菊辉等；桂字有远桂香、李桂花、张桂姿、何如桂、柳月桂、胡秋桂、沈丹桂等；蓉字有芙蓉、艾蓉、晓蓉、花蓉、嫣蓉等。

（2）以玉喻人起名。玉不仅外形美观、色泽宜人，而且价值不菲、气质高雅，人们常爱用“如花似玉”来形容美女，用玉来起名也较普遍。玉也可用于男性名字，但一般较多见于女性名字。比如梁红玉，宋代抗金将领韩世忠的妻子，是一位巾帼英雄。又如杨玉环，唐明皇李隆基的宠妃，即杨贵妃，人如其名，高贵而又美丽。另外，以玉起名的名字还有玉如、黛玉、妙玉、玉凤、玉莹、玉兰、如玉等。同时，用与玉有关的字起人名也极有意义，例如珏字有珏琼、珏琪、王珏珠、珏珍等；莹字有莹莹、玉莹、冰莹、婉莹等；翠字有翠山、玉翠、翠花、翠碧、翠莲等；瑛字有小瑛、玉瑛、李瑛、瑜瑛等；琼字有洁琼、雅琼、丽琼、作琼、冬琼、琼瑶等；珠字有明珠、银珠、丽珠、云珠等。

（3）以美丽的飞鸟和昆虫起名。燕字有春燕、燕翎、乔燕、燕子、子燕、梓燕、群燕等；鹂字有黄鹂、春鹂、林鹂等；蝶字有胡蝶、孟蝶、玉蝶等；娥字有春娥、嫦娥、秋娥、薛娥、月娥、玉娥等；鹃字有杜鹃、丽鹃、志鹃、淑鹃等。

（4）以自然现象喻人起名。冰字有寒冰、如冰、冰洁、玉冰、冰清等；霞字有彩霞、明霞、朝霞、红霞、青霞、雪霞、秀霞、美霞等；虹字有亦虹、潘虹、常虹、如虹、虹影、彩虹等；雨字有谷雨、雨清、雨晴、筱雨、夏雨、雨石、雨韵等。

（5）以四季喻人起名。春字有满春、庆春、阳春、金春、春晕、春燕、春娟等；夏字有子夏、夏风、亦夏等；秋字有实秋、秋兰、宛秋、秋花、秋风、知秋、秀秋等；冬字有夏冬、冬梅、冬阳等。

（6）其他喻人起名。芳字有冬芳、其芳、公芳、秀芳、芳菲、秋芳、静芳、菁芳、玉芳等；香字有素香、梅香、香玉、香凝、香花、其香等；芬字有清芬、秀芬、若芬、惠芬等；婉字有婉芬、婉雅、婉如、婉珍、婉然等；雅字有丽雅、雅美、雅歌、俊雅、雅菲、淑雅、雅娟、静雅等；艳字有艳俐、春艳、艳秋、艳玲、艳华、艳梅等；秀字有秀丽、秀娟、秀梅、秀婷、悦秀、秀珍、秀英、晓秀、红秀、秀杰、秀伟等；清字有秀清、玉清、清风、林清、道清、智清、清远、清伟、慧清、清华等。现在，那些很俗气的字已经逐渐被淘汰。这类表示姿容秀美的字本来很适宜人名，但用得太多太滥，便会落入俗套，使名字的美感效应大打折扣。现在的人名，风格更为多样，用字更为典雅，给人以较高层次的美感享受，让人感受到强烈的现代气息，立意更深刻也更有余味。

4. 期望孩子长寿安康 所谓喻示长寿起名法，是指起名的人对下一代寄托着长寿安康的意愿，在名字中体现该意愿的起名方法。长寿安康是所有人的追求，也是一切物质财富的基础，这当然是作为父母的人对孩子的最大的希望。宋代刘温叟，字永龄，小时候十分聪明，7岁就吟诗作文，善写楷书、隶书。其父说："我儿子风骨秀异，只是不知他寿命如何。现在（指五代末期）世事混乱，如果他能和我一样成为温洛一带的老年人，我就满足了。"所以给他起名为"温叟"，这个期望不过分。但又字"永龄"，年龄大到没有止境，这愿望实在不小。历代以寿为名者举不胜举，如韩延寿、甘延寿、陈寿、朱延寿、祖大寿。有些名字虽不用"寿"字，但同样表达了长寿的愿望，如车千秋、陈万年、李延年、朱长生、房玄龄、胡长龄等。在运用喻示长寿法给孩子起名时，不单单是文字可以入名，凡是象征长寿的人物、动植物、有关典故也可以成为起名的依据。传说中的人物彭祖，活了八百岁，于是"彭"字成了长寿的代名词，唐代有李彭年，宋代有陈彭年、李彭，明代有刘彭年。乌龟是长寿的动物，据说能活千岁。在元代以前，人们喜用龟字，如唐代李龟年、王龟，宋代张龟年、彭龟年等。鹤也是长寿动物，金代有完颜鹤寿，明代有丁鹤年、张鹤龄，清代有沈鹤龄、朱鹤龄等。唐代大诗人白居易有"松柏与龟鹤，其寿皆千年"的诗句，故以松柏起名者也不为少数。南朝刘宋时期有史学家裴松之，宋代有吴松年、孙松寿等，清代有蒲松龄等；南齐有范柏年，清代有王柏心、郭柏荫等。《庄子》书中有"上古有大椿者，以八千岁为春，八千岁为秋"的说法，故以椿起名者不在少数。北周有梁椿，宋代有李椿、方椿年，清代有任大椿等。既然要长寿，就须消灾免病、逢凶化吉。在古代，医学不发达，人们常为健康发愁，这一点也表现在起名上。先秦时楚平王名弃疾，汉代有霍去病，北周有司马消难，宋代有辛弃疾，清代有苏去疾等。还有朱寿昌、朱寿命，寿昌、寿命都是取寿命长健之意。辛延年，取延年益寿之意。以延寿为名，更为普遍，汉代有毛延寿，是当时的名画家。王延寿，东汉辞赋家，字文考。再举一些类似的名字供欣赏借鉴：常青、常志健、翁康佳、和松生、康健生、张如松、严彭祖、李彭年、时健寿、成高寿、吕元寿、张智健、郭康敏、王仙鹤、毛富健、赵康年、金永康等。

5. 期望孩子生活富足、事业有成 期望富裕、成功是人类的天性，父母给孩子命名时也会体现出这点来。在日常生活中，我们会碰到很多人的名字里含有这种希望：达、耀、兴、荣、华、旺、盈、丰、余、昌、盛等。不过，相比之下，以富、福、昌等表示富足昌盛等的人名，在古代人名中出现的较多一些，现代人在这方面并非没有希求，但多是暗藏心中，不愿意直接表露出来。下面列举一些古代人名，以供参考。何景福，景有敬慕、景仰、追求之意。江福山，有福如山，福可谓大矣。清福之，“福之”即使之幸福。张介福，“介”字为“借”谐音，能借来福也不错。李富乐，寓意生活富足幸福，其字尚礼又意味着虽富但不能乐而忘礼，仍有上进之意。陈大富，其名富字前又加上一大字，便是非常之富、大富大贵之意。李富智，不仅希望求富贵有余，还希望聪明智慧、学识过人、品性高洁，说明君子爱财心不贪之修养。余福祥，不仅有幸福美满、吉祥如意的生活愿望，而且有事业腾达万里之追求。崔福成，可谓福满的家庭与丰功伟业的成就均得矣。程福斌，斌乃美好之意，与福结合，幸福美好的生活愿望尽显其中。郭庆裕，庆是庆祝、欢庆之意，裕是富足有余的意思，幸福欢乐的美好祝愿不言而喻。张天禄、江禄致，这两个名字都有禄，其升官发达、出人头地的愿望十分清楚。许克昌、陈昌积、牟大昌、何昌富，以上四个人名中都带一个“昌”字，昌是兴旺、兴盛、发达之意，同时还有富裕、强大的意思。朱易颐，是保养、休养、修身养性的意思，宝贵、昌盛、生活幸福而且又修身养性，享颐养天年之福。与金钱、财富、宝贵、发达有关的，如贝、珍珠、宝石、玉等字词，也经常入选名中，如时如贝、刘福全、贾宝玉等。中国人的家庭观念非常浓厚，这一点在所起名字中可以体现出来：曹胤昌，胤是后代、后嗣的意思，胤昌就是使后人昌盛。何承裕，承裕既有承继先人财富的意思，又有承传血脉的责任，总之是希望家族兴旺发达到永远。何嗣昆，昆为明亮的意思，嗣昆就是希望后代前途光明。李鼎延，鼎是古人烹煮用的器皿，只有贵族才能用得起，所以贵族之家又称钟鸣鼎食之家。将鼎延顺传递下去，其意就是让家族永远兴旺。李富孙，不仅自己要富足愉悦，还希望子孙后代同样富有，希望自己能富泽子孙后代。赵承福，承福就是承传幸福吉祥的意思。朱延禧，禧也是幸福的意思，让幸福延续下去，不仅自己受益，也让子孙受益，血脉相连，情意绵绵。其实，对昌盛福禄的追求并不是坏事，即便是“禄”，也有应承担社会责任、为民造福的意蕴。目前在国外华人的名字中，这些字眼也是常见的。这里提供一些寄托昌盛福禄的名字，供起名时参考：王富国、张富强、魏富民、石玉福、陆天福、郭全福、曾庆祥、钱福至、康而福、魏富昌、刘富坤、王嘉贵、丁昌、金贝、刘宝福、顾子富、朱富贵、叶文福、丁福来、何其福、牛永福、路富兰、李神福、陈裕等。不过，在这里需要提醒一下。有些人认为追求物质生活就是庸俗，因而不愿意用福、富等字命名，嫌其世俗气太重，这种顾虑当然是有道理的，起名应着重从理想、希望出发，不可太看重物质利益。但是，在起名时完全排除这类字眼儿也没有必要。当然，福、富、财等字在旧时代人名中比较普遍，为避免重复、避免落入俗套，少用一些此类字也是应该的。

6. 期望孩子平安顺遂 有的家长希望孩子一辈子风平浪静，平平安安过一生，所以会选择一些最平常的字去表达他们的心愿，如安、静、顺、通、坦、泰、然、宁、定、和、康等。每一个人从出生开始，都要面临一连串的问题。一生中有无数件事情，一个时期里有若干事情，甚至一天中都有诸多事情，等待人们去完成。生活不可能尽如人意、不可能一帆风顺，这是一般常理。但越是这样，父母在给孩子起名时，越是希望他们能顺利地成长起来，顺利地走向社会，工作顺心，仕途如意。自然而然地，这种希望就体现在孩子的名字中了。孔顺，战国人，字子慎，曾为魏相，单字名顺，希望一切顺利如意，平安一生。吕兆祥，明朝人，兆祥即征兆吉祥、将交好运。任亨泰，明代襄阳人，洪武年间中状元，官至礼部尚书。泰是平安的意思，亨泰即太平又顺利，此名吉祥顺利之意尽显。方中通，明代人，字位伯，中通即通达。方仕，明代鄞人，字梅崖，长书善画，取“仕”为名，显然是希望能做官。王思政，西魏人，“思政”即时时都想着政事，期望入官场之意一目了然。王陟，宋代上党人，进士。陟即登高、升迁，意即不断提拔晋升。伍仕阶，宋代德庆人，曾任杭州知县，起名仕阶，意思是希望在仕途上阶阶高升，但此人后来弃官不做，可能是把官场看透了。孔颖达，唐代衡水人，字仲达，大学问家。颖达即聪颖通达之意，又字仲达，寄希望其一生亨运通达、博学卓群。王国用，明代人，意指希望得到国家重用，求官之意尽显。吕良佐，元代名士，字辅之，佐是辅助、辅佐、协助的意思，良佐即忠良辅臣，表示其为国家效力、成为忠良贤臣的意愿。吕公弼，宋代人，字宝臣，进士。弼也是辅佐的意思，即辅佐皇帝治理国家的意思。王明弼，清代陕西人，字亭二，明弼即良弼。明代还有一个叫伍良弼的人，进士。吴承恩，明代著名文学家，《西游记》作者。承恩即承受君恩，暗含报国谢恩之意。现代人也常起表示祝福的名字，例如：傅一顺，即一生顺利的美好愿望。金运达，即祝愿一生幸运发达。金宏达，指前程畅达远大。安如山，即万事顺利，安稳幸福如高山一样风雨难摧。毛志成，即“有志者，事竟成”之意。贺吉祥，即直接表明求福图吉之意。汪万顺，即愿一生万事顺利如意。王自成，即靠自己努力追求成功的愿望。郭富城，有富贵发达、成功成才之意。贺永福，这个姓名搭配巧妙，为永远的幸福表示祝贺，也说明追求幸福的强烈愿望。毕生富，即一生都要富足快乐如意。韩达君，即追求精神上的成功与升华，达到君子境界。司马睿杰，即祝愿、希望聪明杰出。邢伟强，即希望一生伟岸高大、坚强有力。诸葛峰，即“诸葛”已有聪明智慧的意蕴，再加上挺拔如山峰，更显男人气概。

7. 期望孩子自立自强、功成名就 许多家长希望自己的孩子将来能自立自强、辛勤工作、坚韧不拔、意志顽强，所以他们喜欢用一些阳刚之气十足的名字，如毅、独、刚、强、衡、韧、恒、坚、力、决、定、立、主、志、意、自等给孩子起名，虽然也有家长给女孩起这样的名字，但基本上这类名字是男孩常用的。

八、 按家庭关系起名层次分明

1. 男孩起名 中国的起名习俗，绝大部分均是着眼于男子起名。这里将起男名的一般思路和起法概括如下，供读者参考。

（1）多选用阳刚色彩浓厚的字入名，表示意志刚毅和力量巨大。例如坚、刚、牛、力、山、钧、柱、劲、舟、春、峰、浩、然、石、坚之类。起名也多是云山豹、彭万里、高大山、谢大海、马宏宇、林莽、黄强辉、章汉夫、林君雄、谭平山、朱希亮、甘铁生、张天民、李大江、张石山、王海等这些阳刚气十足的字。

（2）选用光宗耀祖、强调道德规范的字入名。这一类的名字有马继祖、程孝先、宗敬先、年广嗣、汤绍箕、吕显祖、何光宗、孙念祖、贾怡孙等。中国人喜欢以名正德、以名正行，所以就有下面这样的名字：马建国、节振国、冯兴国、郝爱民、于学忠、马连良、胡宝善、余克勤、吴克俭、杨唯义、李文信、王德茂、李书诚、杨勇、高尚德、汤念祖、吕奉先、何光宗、冷德友、安怡孙、蔡德霖、关仁、郑义等。

（3）选择表示吉祥、福禄和预兆事业发达的字入名。可以起名为赵大华、赵进喜、赵德荣、赵德茂、钱汉祥、钱运高、钱生禄、孙寿康、孙应吉、孙顺达、李秉贵、李厚福、王子久、刘永生、刘宝瑞、关玉和、王仁兴、李际泰、罗元发、刘造时、刘乃超、刘长胜、张成基、张国柱、张志远、张广才、吕德榜、吕文达、吴家栋、吴国梁、吴立功等。

（4）选择一些反映当代人观念和理想追求的字入名。中华人民共和国成立以来，人们的思想发生了很大变化，一些反映人们热爱祖国、热爱人民、热爱社会主义和揭示人们事业理想和人生追求的名字多了起来。男性人名应该讲求艺术性和个性，在这基础上，反映个人的情趣志向特征和男性的阳刚之气，这也许是我们可以努力的方向。值得注意的是，我们经常用动物、景物来做比喻或象征，但女子名字用来做比喻象征的事物和男子名字用来比喻的事物是截然不同的。如动物，女子取名一般用美丽的鸟，而男子却用勇猛的虎豹，如唐伯虎、西门豹等。再如景物，女子用柔和的风、花、雪、月，而男子则用雄壮的山、峰、海、涛。用同一事物做比喻着眼点也不同，如同样用“风”起名，女子着眼于它的美丽，而男子则着眼于它的富贵不凡；同样用“华”起名，女子多取其本意“开花”，男子则多取才华、风华和中华的意思。还有一些用于比喻、象征的事物，对男子和女子都适合，但在用字上却有所选择。如表示珍贵多用“王（玉）字边”的字，其中宝、琦、瑜、瑾等字，男子用得较多；珍、珠、琪、环、琳等字，男女都用；琼字女性用得较多。总之，将观念与理想妥当地入名的学问伴随人类文化的诞生就已存在，并在人类历史发展的长河中被继承发展，在传承文明的同时又被不断赋予新的意义。

2. 女孩起名 姓名是根据各人不同的价值观、审美观而起出来的。由于男女有别，男人与女人的名字，在字音和字义的选择上，自古以来也有明显的差别。女孩的名字，往往富有“女性意味”和“柔情色彩”。这些意味和色彩，比较明显地表现在名字的音、形、意上；多给人清爽、温柔、艳丽、姣美的感觉。或者与大自然中的那些华美的风景、鲜艳的色彩、珍贵的事物等特征相联系，女性感很强。

（1）以与女性性别有关的字为名。这些名（字），或者是女性专用的字，或者与女性有非常密切的联系。其又可分为几类。有些直接以“女”为名，如古代著名的“孟姜女”。另外，还有神话传说中补天的女娲，上古时舜的妻子“女英”，隋末唐初的“红拂女”等。也有些以女性的称谓为名，如娘、姑、姐、妹等。这类名字有杜十娘、公孙大娘、陈玉娘、吕四娘、杨八姐等。这些名字多用于古代，现在已不太常见。

（2）有些女性用“女”字旁表示女性柔媚的字为名。例如王小妮、赵飞娥、修瑞娟、祝希娟、董克娜、舒婷、闻婕等。这些有“女”字旁的字，既符合女性身份气质，又另有其特殊的内涵。

（3）以珍宝字或女性用品入名，例如钗、环、翠、钏、金、玉、珍、瑛、珠、宝、绣、珊、绵、琳、琼、黛、瑶、莹、瓔等。这样的名字很多，如王淑珍、上官云珠、刘长瑜、阮琳、张瑜、郑小瑛、林黛玉、谢冰莹、舒绣文、温小珏、蒋美瓔等。这类名字很美，有闻名如见其人的感觉。

（4）以名贵或清雅的花、草入名。如有人直接以花名入名，有人则以梅、兰、竹、菊、桂、芝、芹、莲、蓉、薇等字入名。例如戴爱莲、叶佩兰、陈梅瑛、石评梅、白杨、田桂秋、刘菊、冯榴、伊灵芝、李玉芹、张茜、王萍、蒋碧桃、尹梅、李冬梅、任兰、何茹兰、华天秀、蓝天桂、贾桂秋、张桂英、江心蓉、艾莲、谢小薇、傅艺薇、邵春花等名字。此类名字很是高雅。

（5）以表示色彩的字入名。例如冯燕红、张红、吕青霞、宋叔青、王素华、蒋彩云、孔黑儿、甘蓝、莫黛、葛翠、冯白等。比较常用的有黄、红等。

（6）以形容气质的字入名。例如田人美、刘美惠、吴掬芬、何秀荣、蒋晋芳、李瑞芳、田秋香、张洁、于梨花、梁丽华、袁艳、常美倩、魏香玉等。

（7）以景物和动物起名。例如李霞、赵文月、张凤云、王虹、王丹凤、邢燕子、聂小燕、张海燕等。

（8）以形容品德及盼望姿容俊美的字入名。例如文美惠、何钟惠、邱淑芳、花渭贞、关淑兰、李清照、阮文琴、万敏英、何静、廖静文、王新爱、瞿希贤、宋雅茹、谌容、宋佳、何秀丽、蒲英姿等。

3. 双胞胎起名　这是一个真实的故事：有一对双胞胎，她们的母亲叫张华年，在生下她们的时候就去世了，父亲姓吴，于是父亲就给她们取名字为吴一弦、吴一柱，因为“锦瑟无端五十弦，一弦一柱思华年！”古往今来，一胎两子、三子等亦不是少数。那么如何给双胞胎起名呢？下面将阐述几种妙法，以供大家参考。

（1）成语组合起名法。由于成语的字数一般为四字，若是成语意义较佳，分拆后仍有意义，则将其前两字作为老大的名字、后两字作为老二的名字，这样两人之名字便浑然一体。例如：

赵碧雪，赵丹心（碧血丹心）

李温文，李尔雅（温文尔雅）

刘万象，刘更新（万象更新）

陈虚怀，陈若谷（虚怀若谷）

毕恭，毕敬（毕恭毕敬）

许美轮，许美奂（美轮美奂）

像这样的成语，翻开成语词典，你还可以找到很多。这些成语，一般要求蕴义美好，前后语意连贯性强，以语意并列为最佳。

（2）两字组合起名法。双胞胎起名，将两个字组成的词语，特别是一些固定搭配的联绵词，拆开来用于双胞胎取名，这种方法较为灵活。如果将两个字的词分解，且分解后之单字仍有含意，则可将第一个作为老大之名字，第二个字作为老二的名字。如著名足球运动员孙吉和孙祥，名字由吉祥二字拆解出来；张敏和张捷，名字取自敏捷这个词语；周子恒、周子心，取自词语恒心二字。再比如：

楚骐，楚骥（骐骥）

黄楷，黄模（楷模）

童伶，童俐（伶俐）

王子羡，王子慕（羡慕）

龙永逍，龙永遥（逍遥）

秦思耕，秦思耘（耕耘）

可用于双胞胎取名的词语有很多，例如琼瑶、稼穑、鸿鹄、驰骋、倜傥、璀璨、巍峨、荟萃、淡泊、峥嵘等。这些字词一般来说偏旁、部首相同，结构相似，语意相似或相同，常合并使用。当然有些不具备这些特征的词也可以用于双胞胎取名，但其表现力远不如这类词语。

我上高中的时候，班里有个男生，姓马名千里，我们一听就觉得：嗯，千里马是也。后来同学们就开玩笑问他：“你有没有哥哥？你哥哥不会叫马万里吧？”没想到，他真的有个双胞胎哥哥，真叫马万里。

一个室友跟我说：如果我将来生了双胞胎，俩男孩儿的话叫“光宗”和“耀祖”；俩女孩儿的话叫“倾国”和“倾城”；龙凤胎的话，男孩儿叫“金童”，女孩儿叫“玉女”。已经过去这么多年了，这几个名字我依然记忆犹新。

（3）“单字相同＋词语拆分”法。这是很多家庭常用的，这个中间的单字可以是一个偏中性的字，比如子、梓、舒、乐等。我之前给我表哥家的龙凤胎取名字，因为他们家有族谱，要求孩子是“书”字辈的，我当时想到的是“荣耀”二字，所以给侄子取名书耀，侄女取名书荣。又比如确定了“雅”字，配上“纯洁”，即雅纯和雅洁。再比如男孩可以拆“赐福”二字，单用一个嘉字，即嘉赐和嘉福。

（4）单字相同，尾字近意。比如琪、瑜都是美玉的意思，故可以起名瑞琪、瑞瑜。明和智都是形容有智慧，那就可以叫彰明和彰智。

（5）谐音法。谐音法还是挺有意思的，比如电视剧《我的青春谁做主》里面钱小样的妈妈、大姨和二姨的名字：大姨叫杨怡，二姨叫杨尔，妈妈叫杨杉，分别是“一、二、三”的谐音，感觉又有内涵又有趣。

现在生二胎或是双胞胎的，都可以用一和二的谐音。

一的谐音：意、依、益、怡、翼。二的谐音：而、儿、尔。

比如嘉翼和嘉尔（一不小心和明星同名了），其背后的意思是“＋1”和“＋2”。这样的方式也挺好，中间的字可以随意取，只要寓意好就行，后面的字就可以是谐音字了。

（6）大小排行起名法。如著名的体操运动员，李大双和李小双，既较好地体现了双胞胎的特征，又体现了大小排行，哪个是哥哥、姐姐，哪个是弟弟、妹妹，一目了然。

九、特别起名

1. 给宝宝起小名　小名也叫乳名，一般只在家庭和亲朋好友之间使用。中国人对姓名的重视是从商周时代开始的。商周时，人们开始重视姓名，姓名逐渐礼仪化、制度化，对名的种种禁忌和限制也产生了。由于上层社会中无论起名还是择字，都要经过很隆重的仪式，而且相互之间不能随便呼名，于是许多家庭就给童稚的孩子先起一个乳名，以便供家庭成员和较亲密的人称呼。因为乳名往往是小孩子出生不久，还在哺乳时期就起了，所以称为“乳名”。在春秋时期，贵族家庭成员中起乳名的做法已经十分普遍。而社会上的下层平民，由于没有权利也没有能力进行隆重的起名择字仪式，他们小时候起的“乳名”，往往也就是成年后的“大名”。此外，由于封建社会上层阶级的女性成员长期生活在闺阁之中，很少在外面抛头露面，因此乳名更加流行，只是这种乳名仅在家庭中使用，又称为“闺名”。如汉武帝陈皇后乳名“阿娇”，唐寿安公主乳名“虫娘”等。历史上还有一些著名人物也有小名，如三国时曹操的小名叫吉利，又名阿瞒。刘备的儿子、蜀国后主刘禅的小名叫阿斗。文天祥的小名叫云孙。明代著名航海家郑和小名三保。明末农民起义领袖李自成小名叫黄来儿。小名为什么普遍受到人们的喜爱呢？主要是因为它叫起来既简单、顺口，又亲切、悦耳。大名比较庄重正规，要考虑每个字的音、形、义，而小名则可以信手拈来、不拘一格，具有随意性，显得风趣、活泼、自然，只要父母喜欢，随便叫什么都行。乳名有许多共同的特点。比如一般只称名，没有姓，比较简单；不用于户口登记或其他正式报名登记的场合，而只用做称呼；小时候用得多，长大后逐渐停止使用等。在现代，小名中加“阿”“小”“大”和“子”的较多，如阿娟、阿根、阿莲、小兰、小刚、小顺儿、大勇、大乖、英子等，但更多的还是使用双声叠韵的方法起小名，如婷婷、明明、圆圆、毛毛、飞飞、佳佳、珊珊、丹丹等。乳名在不同地区，根据当地风俗习惯的不同，有很浓郁的地方特色。在北方，为了表达父母对婴儿的喜爱，往往把小名“儿化”，如小草、小川变为小草儿、小川儿。“儿化”时末尾一个字音要又轻又短，这时其清晰区域是韵腹，韵尾模糊。一般来说，在叫“儿化”小名时，只要有那么个卷舌色彩就可以达到表达情意的目的了。岭南一带的人喜欢用“阿”字起头取乳名，一般后面只用一个字，如“阿强”“阿珍”“阿明”之类。山西人喜欢用“丑”字为乳名，如“大丑”“二丑”“丑蛋”之类。湖南人则喜欢用“伢子”给男孩起乳名，如“春伢子”“山伢子”之类；用排行给女孩起乳名，如“大妹”“二妹”之类。

从铁蛋、石头、柱子等一类充满感情且结结实实的小名中，我们不难看出父母对孩子的一片爱心和期望。但过去起小名，讲究字音、字义的人少，尤其是在农村，不少家长对孩子叫什么小名毫不在乎，在北方农村里人们经常可以听到诸如小臭子、大臊子等小名。起得好听一些的，也多是按孩子出生顺序起名，如小七、小五等。现代人起小名，则应兼重文采和亲密性。

2. 如何改名

（1）改名是一种创作。俗话说：“行不改名，坐不改姓。”取名是认真的、慎重的，用名也是严肃的、稳定的。可随着环境的不断变化，有人会觉得原名已不恰当，对原名也越来越不满意，直至最终更换名字。改换原名也是取名的一种形式，大致分为主动改名和被动改名两种。主动改名的原因，大多是为了表达自己的意志、自身的思想身份发生了变化，或为纪念某事某物、某一灵感触动和不满原名字的音或形等。20 世纪前期，西渡留学之风渐盛，著名作家巴金原名李尧棠，在巴黎留学时，一度崇尚巴枯宁和克鲁泡特金的无政府主义，因此从两人的名字的首尾各取一字，改名为巴金。聂耳，原名聂守信。由于他有音乐方面的天赋，加上他的姓氏由三只耳朵组成，于是大家都叫他“耳朵”。而聂守信觉得也不错，便改名为聂耳。被动改名，一般是因为不满幼年按长辈意愿所取的名字，或在成长过程中遵循长辈意愿、受到时代风潮的影响、受封建避讳制度的制约等因素影响而进行的。李四光原名李仲揆，他在赴日本留学时，不小心在护照姓名栏里填上年龄“十四”。护照不能涂改，于是他就将十字添笔改为李，四字无法改。而李四这个名字又太不雅观，他无意间抬头看到“光被四表”的横匾，就在四后边加了一个“光”字。于是，李仲揆在纯属意外的情况下改名为“李四光”。从某种意义上说，改名是一种创作活动，像创作诗歌散文一样，改名也需要借助机遇和灵感。有时人们冥思苦想，搜肚索肠，终却一无所获；而有时灵机一动，却能妙手偶得地收获一个新鲜而有趣的名字。

（2）改名也须遵原则。一旦做出改名的决定，就应力求改出比原名更好的名字。怎样才能改出更有意义、更富魅力的名字呢？首先必须遵循以下几个原则。第一，改名要谁用谁做主。在古代，一般是不允许改名的。名得之于父母，它就像“身体发肤，不敢毁伤”。即使父母亲去世了，也不能改名。当今社会，人们都有合理合法的取名、改名的自由和权利。《民法典》第一千零一十一条规定，自然人享有姓名权，有权依法决定、使用变更或者许可他人使用自己的姓名，但是不得违背公序良俗。如果使用者尚无能力取名、改名，这时取名、改名一般由其父母做主，当使用者完全有能力自己改名时，通常应该让其自己决定更改什么样的名字。第二，改名要庄重严肃。人们在取名、改名时，一般都会斟酌用字，以使其名字更好地表现自己的思想和志趣。尤其是改名，人们都把它当成一件十分庄重、严肃的事情。在大多数人看来，除因避讳改换姓名外，改换常用的行世之名，就意味着一个人旧身份的改变、新身份的诞生。一个人姓名的诞生，尤其是改名常常是比较严肃的，用名者自己要努力维护自己的姓名权，别人也应予以充分尊重。如《中国教育报》1996 年 7 月 8 日第 2 版有一则消息，大标题为《李公仆、闻一多殉难 50 周年纪念活动举行》，“公仆”是李公朴之误。又如《工人日报》1996 年 8 月 3 日第 2 版一则摄影报道，大标题是《国良夺魁》，而“国良”是乒乓球冠军刘国梁的名字之误。李公朴、刘国梁是有一定知名度的人物，但不管知名与否，应严肃对待别人的姓名权都是不容置疑的。理所当然地，这两家报纸都分别遭到了社会舆论的批评。第三，改名手续要齐全。为了保护公民的姓名权，防止他人干涉、盗用和假冒，一般公民在取名的时候，都经过了户口登记机关的登记。因此，成年人改名牵涉的问题比较多，未经户口登记机关批准，公民不得任意更改姓名。按照《中华人民共和国居民身份证条例》的规定，年满 16 岁的中国公民，都应依照该条例领取居民身份证。如领取居民身份证后再更改名字，将给有关部门带来许多麻烦。所以要改名，一般是在16周岁以前办理好更改手续，16周岁后，没有充分理由，不要再轻易变动自己的名字。但即使有了规章条例的约束，改名的现象还是大量存在。如确实需要改名，那又该如何操作呢?

在我国，受理公民改名登记的是各地公安机关的户籍部门。如确有正当理由需要变更名字时，应按照《民法典》和《中华人民共和国户口登记条例》的有关规定，履行审批手续后再做变更。公民在16岁之前改名的，可依照《中华人民共和国户口登记条例》第十八条规定办理：未满18周岁的人需要变更姓名的时候，由本人或者父母、收养人向户口登记机关申请变更登记。公民在18周岁以上需要改名的，可由本人向户口登记机关申请变更登记。需要提醒的是，公民在改名时必须向户口登记机关申请变更登记，忽视这一点往往会造成不良后果。有些人是不能改名的，依法被剥夺政治权利的人和正在受刑事处分的人、正在劳动教养的人、身份不明来历不清的人，都不能变更姓名。机关、团体、学校、企业、事业等单位的职工需要变更姓名时，必须持有所在单位人事部门准予更改姓名的证明，方可办理。公民在改名时，申请改名的原因要合理，办理改名的手续要合法。一定要提高对改名行为法规的认识，严格遵照规章制度行事。

(3) 言志改名。时代的变化风起云涌、迅猛无常，不同的时代有不同的特点，有些人为了表现其抱负和对理想的选择，使其名达到“名如人”和“名言志”的效果，通常会毅然选择改名。徐悲鸿原名徐寿康，是中国著名画家。他从小家境不好，没有上过正规的学校，但他从小就爱好画画。为了在社会上谋生立足，常做苦工的他非常想进“洋学堂”读书，可家里没有钱供他上学，别人又不肯借钱给他，他深感世态炎凉、前途渺茫，不禁悲从中来，犹如鸿雁哀鸣，于是，他改名为“徐悲鸿”，立志发愤求学，靠自己的才能立足于世。言志改名有两种倾向：个人倾向和国家民族倾向。徐悲鸿的改名是以个人倾向为主的，这方面还有不少改名的例子。晚唐号称“三罗”之一的罗隐，原名罗横，他能诗善文，颇负盛名，且恃才傲物。他曾嘲笑朝廷公卿权贵：“是何朝官？我脚来笔，亦可敌得数辈。”正因为如此，所以10次应试皆不第。而与罗横完全不同的是，一个耍猴的因得到唐僖宗的喜欢而官居要职。这对罗横自然是很大的刺激。于是他归隐乡林，并改名为“隐”。太平天国领袖洪秀全，原名洪仁坤，后改为秀全。因“秀全”二字是由“禾乃人王”四个字组成，而其中“禾”谐音为“我”。于是“秀全”便可解为“我乃人王”。其意一目了然，反映了他非凡的抱负和追求。革命时期的爱国知识分子李公朴原名李永祥，其兄弟四人从大到小按“仁义康祥”的顺序命名。后受到新思想的影响，他不满“仁义康祥”的封建意识，便改名为“公朴”。“公朴者，公仆也”，表示他愿作人民的公仆。徐特立，原名徐懋恂，又名徐立华，著名教育家，延安时期的

“五老”之一。他年轻时，有一次在乘船途中看见多名乘客对船工态度蛮横，他因对此极感不平，就自诫自己若能中举及第，只当教员，不当欺压百姓之官，并取“特立独行，高洁自守。不随流俗，不入污泥”之意，改名为徐特立。因国家民族倾向而改名的现象也屡见不鲜。如中共早期著名的宣传家萧楚女原名萧秋，后在湖北时，因对屈原《离骚》“勿反顾以流涕兮，哀高丘之无女”之句颇有感触，便毅然改名为楚女。以“楚女”为名，表示其为国奋斗一生、奉献自己的无私胸怀。周立波，原名周绍仪，著名作家。他 20 岁时投身革命，1934 年参加鲁迅领导的中国左翼作家联盟，不久加入中国共产党。随后，他便立志在现实主义文学领域有所作为。为了时刻鞭策自己，他以英语 Liberate（解放）一词的读音“立波”作为名字，终生使用。邹韬奋，原名恩润，现代著名新闻记者、出版家，杰出民主人士。他在上海主编《生活》周刊时，改名韬奋。“韬”是韬光养晦，“奋”是奋斗不息，他用这两个字来激励自己为国家和民族的振兴多做贡献。对言志改名来说，不管是个人倾向还是国家民族倾向，都能表现改名者的思想志趣，促使改名者在名字的激励下实现自己的理想和抱负。

（4）增减字改名。增减字改名，主要是指在原名的基础上增加或减少一个字，从而赋予原名新的含义，成为一个新名。前面举过成龙的例子。成龙原名陈港生，在他 8 岁时，其父将他送到香港著名武师京剧武生于占元的中国戏剧学校学习，按照学校传统惯例，学生每人取一个艺名，其中必须含有校长名字中的一个字，于是陈港生被改为陈元龙。后来，罗维导演正式给陈元龙改艺名为成龙。古元是著名的当代版画家，在他出生后，父亲为使他一生平安幸福，便按风俗把他认寄给关帝庙的关圣大帝，并因此而将他取名为古帝源。古帝源到延安以后，觉得这个名字不合乎自己的理想志向，于是就去掉名字的前一个字，同时又把后一个字改用同音的元，就这样，他的名字由古帝源变为古元了。又如闻一多先生，原名闻家骅，后由于觉得俗气，便改为单名一个“多”字。可不久他又发现叫起来不大顺口，同学建议他在中间加个“一”字，好听好记，他欣然接受，于是又改名闻一多。还有成荫，原名成荫五，著名导演，著名影片《南征北战》的编导。由于很喜欢绿树成荫这个成语，便将成荫五中的“五”字去掉，改名成荫，让人一听，立即产生绿树成荫的联想，给人一种亲切感。像以上这种增减字的改名方法，具体实例还有很多。此外，增减字改名法还有另一种使用方式，就是增减字的偏旁部首，从而产生新的名字。其实，增减偏旁部首这种改名的方法，实质上也是累加取名法和拆字取名法（如著名作家舒庆春的字舍予等）的一种形式，只不过这种改名方式就更妙了。如王复羊，原名王复祥，是著名漫画家。后来他将名字中“祥”字的示字旁去掉，这样其名就改成了王复羊。又如高士其，原名高仕錤，是深受青少年喜爱

的科普作家。由于他看透了社会的黑暗与政治的腐败，非常气愤与不满，愤然改名高士其。对此，他解释说："去掉人旁不做官，扔掉金旁不为钱。"说到做到，高老的这种高风亮节一直保持一生，他也因此受到人们的赞扬和喜爱。无论是增减字改名，还是增减字的偏旁部首改名，这种方法看似简单，但真正要改出一个好的名字，还是要经过一番仔细的思考和周全的推敲。

(5) 遵习俗改名。遵习俗改名主要发生在古代，由于受宗族观念、男尊女卑、官贵民贱等思想的影响，人们一旦遇到诸如改嫁、过继等情况，都要严格遵照当时的风俗习惯改名。这种遵习俗改名的传统，主要有三种情况。第一，随母改嫁改名。在古代社会，随母改嫁的孩子叫"人子"，通常来说是要改名的。如郭威，五代后周的建立者，其本姓为常。后来由于其家道贫寒，加上其父早亡，母亲王氏便携他改嫁郭家，于是他就从郭姓，改名为郭威。又如范仲淹，宋朝著名文学家、政治家，在他出生后不久，其父就去世了，其母便带着他改嫁到长白山一个姓朱的人家，于是范仲淹从朱姓，改名为朱说，并随朱姓兄弟就读于长白山醴泉寺。直至20年后，他考中进士，才把母亲接回范家，自己也恢复了范姓，取名仲淹。第二，过继做养子改名。过继主要是指将自己的孩子过继给兄弟或别人做养子，一般来说，过继的孩子都要随养父姓而改名，这种改名又可分为两种情况。一种是同姓过继改名。同姓过继的现象主要发生在兄弟之间，因此，一般是不用改名的。但是有一定教养和知识的人在名字上也会做些文章。如唐初书坛四杰之一的虞世南，自幼过继给叔父虞寄为嗣子，所以长大后便改字伯施，意思是兄长将儿子给予弟弟。另一种是异姓过继改名。无论是草野百姓还是官宦之家，只要是异姓过继，首先便要改姓而从养父姓。如魏武帝曹操之父曹嵩，原本名为夏侯嵩，后过继到曹家，成为曹腾的养子，他也就由此而改名为曹嵩，从此曹与夏侯两姓同族。第三，做家仆奴婢改名。古代社会里大户人家的家仆奴婢，一般来说都具有卖身的性质，因此，这些家仆奴婢有时也根据主人的意愿而从主姓改名。如民间故事中，明朝狂放不羁的风流才子唐伯虎，为了追求华太师家中的丫鬟秋香，不惜改名换姓为"康宣"，卖身投到华府去当家僮。后来，华太师见其精明能干，武中有文，很赏识他，便主仆同姓，给他取了个名字叫"华安"。这些虽都是旧时的习俗，但随母改嫁而改名、因过继而改名的现象如今仍然存在。不过在现代社会，多只局限于姓氏变化。

(6) 以地名改名。以地名改名一般都有一段背后的故事，或是父母有太多的牵挂，或是名字的主人难以割舍经历过的那段情怀，以出生之地、抚养之地的地点改名，以达到独特的纪念效果。如文学家郭沫若，原名郭开贞，出生于四川乐山地区，他在那里度过了快乐的少年时光。后来他旅居全国各地，但始终满怀着对故乡的眷恋之情。为了不忘生他养他的土地，他将四川乐山两条河流的古名沫水（即大渡河）和若水（即雅砻江）合起来，改名“沫若”。再如左联作家柔石，原名赵平复，由于出生于浙江海宁县城西方祠前，祠前有桥名“金水柔石”，他觉得不错，加之敬慕明代方孝孺的品德（方祠即是今人为纪念方孝孺而建），于是以桥名柔石作笔名。除了出生地和抚养地外，还有极具其他意义的一些地名，也是可以用来改名的。如国画大师齐白石，原名齐纯芝。因古时从艺之人一般都有名号，在拜师学艺时，齐白石便请胡沁园先生给他拟个名号。胡先生说：“离你家不到一里的地方有个驿站叫白石铺。白石铺虽无名山大川，可田园风光倒也十分美好，我看你就叫白石山人吧!”齐白石欣然应允。但后来齐白石觉得四字不够简洁，便在题画时，常常只写“白石”二字。于是久而久之，他便以齐白石为名。以地名改名，特色鲜明，感情含蓄，确实是一个很好的思路。

（7）以谐音改名。在改名时不容忽略的一点，就是避免名字与不雅观的字谐音，否则，便应该更换名字。有报道称，有家长为女儿起名“珠珠”，本是好意，不料上学后竟因此被同学笑话，原来“珠珠”谐名“猪猪”，只得改名。同时，如果名字音好，字却不雅，也同样是需要改的。这时，有些人就用同音或音近似而意义雅致的字眼代替。例如用晓梅取代小妹、用桂香取代贵祥、用小楠取代小囡等。如著名作家铁凝，小时候家里为其取乳名铁妞。后来，她便用乳名铁妞中的“妞”字取近音“凝”字，确定笔名为铁凝。还有著名作家贾平凹，他的乳名为平娃，“娃”字音谐“凹”字，而且“平”与“凹”是矛盾对立的。综合此两种意思改名，真是妙不可言。谐音改名还有一种情况，就是改换此名字，而间接取该字谐音字的字义。此种情况在笔名中较为多见，如陈光美笔名为荒煤，取“荒野中有热量的煤”意。

当旧名字不再符合时宜，不再符合个人审美情趣，或者不再符合眼下最直接、最强烈的需求，又或是有别的特殊原因，必须改变称呼时，就需要改名字了。那么该如何改名，改名又有哪些方法呢?

1. 什么情况下需要改名字　改名从古到今都是一种很普遍的现象，就是在强调“行不更名，坐不改姓”的封建社会，改名的人也是不少的，在近现代社会中，变得更为普遍。成人改名，从更大的意义上来说，是尝试改变人生境遇、迎接新的人生理念，给自己一个崭新的标签。人们成年后，生活的风雨、命运的磨难，以及对人生宏伟目标的征服和挺进，可能会令自己对原来的名字变得不满意了，因而要用一个全新的名字来表达自己的愿望，编织自己未来的蓝图。成年人改名，就其本人而言，是一个生命的转折点，也可以说是生活与人生的新起点。什么情况下需要改名字呢?改名字是不是也要讲时机呢?下面就给大家列举一些需要改名字的情况：

（1）名字有不好的谐音。首先要说明，不是名字有谐音就需要改，有时候

有谐音的名字更容易让人过耳难忘。但是如果名字的谐音意思不好，则建议及时更改，以免让人以之取笑。如范统音同饭桶、周泰希音同粥太稀等。

（2）名字含有生僻字。生僻字又称冷僻字，指不常见的或人们不熟悉的汉字。生僻字有时会给人际交往带来影响，严重时会影响个人的生活。有一个经典的起名笑话生动地解释了其中原因：马姓某人，给儿子起名“马騳（dú）驫（biāo）”，取万马奔腾意。不料儿子长大后上学，同学们均不识“騳驫”两字，竟索性以“马六”称之！可见这类名字不改，确实可能影响生活。

（3）寄予愿望。有的人生活、工作不顺利，总有一些小别扭，想通过改名来重新塑造一个崭新的自我。塑造一个崭新的自我有许多方法，可是为什么要通过改名达到呢？这是因为名为万物之始，名不正则言不顺，言不顺则事难成。

（4）重新定位个人。有时侯，人会有迫切的改变自身形象的需要，此时如职业许可，可以用起艺名、笔名的方式解决；但如果没有对应的条件，那就只能考虑改名了。

（5）适应新生活。自己的名字与自己后来的生活、工作环境的文化氛围不相符、不和谐，这时可以通过改名达到适应自己“身份”的目的。这方面的例子除了前面提到过的“雷锋”外，著名作家赵树理也是一个典型：赵树理原名赵树礼，接触了新文学后，为表明与封建礼教决裂，便改“礼”为理。

（6）名字太大众化。名字太大众化，没有个性，在社会交往中不能给人比较好的印象或常让人记不住甚至记混，于是便需改名。名字比较通俗平庸，没有什么意义，不能给自己在社交上带来帮助，或是由于多音而常使人听不清到底是哪个字，因为这些而改名的也不在少数。

（7）重名。因为小环境内的重名导致生活中遇到麻烦等，也是改名的原因之一。

（8）面对全新挑战。对于有些人来说，重新开始一段生活，或者是想抛掉过去、重新面对人生，都需要一个全新的自己。名字也是如此，改换新的名字，意味着建立生活的新的里程碑。最后，笔者要提醒大家，一般来说，当一个人没有遭遇厄患变故、较为顺利时，一般都是求稳、求平安，所以此时不要随便改名字；只有人生需要变化的时候，才适合改名字。正是俗话说得好：变则通，通则久。

（9）注意事项。一个人名字的更改要适时而定，抓住有利的时机，让大家能在最短的时间内接受全新的名字。在演艺界改个好名，也许能迅速走红，例如林立慧改叫舒淇、关家慧改叫关之琳之后都获得了成功。因此改名字的时机很重要。如果年龄尚小，或者正在读书，改名很容易，在较短时间内，大家就会习惯用新的称呼了。如果你刚大学毕业要参加工作，或即将调任新的岗位，这也是改名的好时机。到了新的单位，人们就会用新的名字称呼你了。如果你已错过了上面的时机，周围的人也已习惯用你的老名字了，最好的改名办法是将名字中的字换成合适的同音字，如“勇”换“涌”、“萍”换“平”等。

2. 言志改名法 张太雷，中国共产党早期领导人之一，乳名泰来，取义于“否极泰来”。后在上学时期因满怀救国救民的理想和抱负，便取义于“复兴中华”，改名为“张复”。参加革命后，他又改名为“太雷”，一方面取“泰来”谐音，一方面寓意自己像空中的雷霆，轰击反动势力，改名反映了他与日俱增的革命精神。又如近代革命家秋瑾，原名秋闺瑾，小名玉姑，为了表示女子不甘落后的革命抱负，去掉了名中温婉的闺字，又自称鉴湖女侠。向警予，无产阶级革命家，妇女运动领袖，曾任中央妇女部部长。原名向俊贤，这是当时较为女性化的名字，俊美而贤惠，是当时一般女性及其父母的理想。她投身革命后，已不满足做一个贤妻良母，遂改名“警予”，予即我、自己，时时警告自己、鼓励自己，在斗争中不断向前。刘半农，语言学家，原名刘复。1917年，他被聘为国立北京大学预科教授。他是江苏江阴人，在此之前，经常写些“吴侬软语”的缠绵言情之作，署名“半侬”发表。为了表示和过去的“我”告别，创造新的生活，他将“半侬”改为“半农”。

3. 个性特征改名法 我们常常听到“这个人很有个性”或“这个人的名字颇具个性”的称赞声，这反映了人们对个性的追求和认可。要想使名字真正成为个人所独有的文字识别标志，最好的方法就是体现主人的个性特征。古人早就注意到，一个人的名字最好与其个性特征相符合，如果相悖，往往终至改名。据《周书·陆逞传》记载，陆逞初名彦，字世雄。当时的皇帝魏文帝对他说：“你温文尔雅，待人宽厚，为什么起世雄这样的字呢？世之枭雄不合乎你的性情啊。”于是，他就改名为逞，字季明。个性鲜明的名字，常见的有以下几种类型：

（1）突出人物性格特点。如郑直、王诚汉、周洁夫、陆逊、沈尹默、沈柔坚、于黑丁、吴冷西、郭德洁、康玄辩、陆侃如、孟浩然、韦应物、李商隐等。范宽，北宋名画家。传世作品有《溪山行旅图》《雪景寒林图》。他原名中正，字仲立。他为人敦厚，心胸宽阔，人呼其为“范宽”，时间一长，他的原名反而被遗忘了。沈尹默，著名书法家，诗人。他原名沈君默，寡言少语，不善辞令。有朋友开玩笑道：“你既默不作声，何必再开口？”意思是君默二字中已有“默”字，但“君”字下有“口”，与默不相称，显得多余。沈君默听后觉得有道理，遂将“君”字去“口”成“尹”，更名“沈尹默”。

（2）突出爱好追求。尚七贤：仰慕“竹林七贤”的才华和人品。焦菊隐：隐身入菊苑，快活似神仙，做一个品德高洁的君子。陶诗言：陶渊明诗歌的崇拜者。赵绿吟：不羡慕鲜艳的红花，特别偏爱扶持红花的绿叶，它象征生命、和平、宁静、淡泊、超越。韩劲草："野火烧不尽，春风吹又生"，愿做那不畏强暴、火烧不毁、风吹不断的劲草，做命运的掌舵人。金开诚："精诚所至，金石为开"，坚信只要精诚专一，就没有攻不破的难关、迈不过的沟壑。罗工柳：著名画家。从名字上即可看出他是一个酷爱艺术、专攻柳体书法的文艺爱好者。丁野梅，宋朝道士，真名丁野堂，擅长画梅。宋理宗召见他时问道："你画的恐怕不是宫梅吧？"他回答说："臣所见的只是江湖野梅。"宫梅枝条丰腴，色泽艳丽，是富贵之花，而江边湖滨以至山里野生的梅花，虽不如宫梅富丽，但孤寒清绝，象征着品格清高。所以丁野堂自称"丁野梅"，借野梅风格喻自己的性情，同时又表现出喜爱的物事。梅、兰、竹、菊，人称之为"四君子"，古往今来，不少人喜欢以此四字命名。现代最著名者为梅兰芳，连姓带名占了两个字。他品格高洁，在日伪统治期间，蓄留胡须，拒绝登台演出，表现了崇高的气节。不独奇花名树，就是那不惹人注意的小草也有人爱好，取为名字。中国现代女作家白薇，原名黄彰，后改名"白薇"。但是她声明，这"薇"字不是"蔷薇"花的"薇"，而是一种生长在山沟里或树阴深处的草，人们很难发现它。

（3）标新立异，以奇制胜。如朱买臣、沈冰壶、贯云石、萨空了、苏井观、吴浊流、李不韪、钱若水、张恨水、胡焦琴、牟野云、诸葛又亮等名，显示了名字主人生动、鲜明的个性特征。

第五章　企业兴旺需好名

一、餐饮类企业的命名

民以食为天，餐馆要想脱颖而出，必须有一个响亮的名字，这是与其他餐馆区别的一种标志，同时也是吸引顾客的一块招牌。当今市场竞争非常激烈，一个好的店名不但可以成为餐馆的广告，从营销策略和品牌战略上看也都可以成为一笔财富。

比较常见的餐饮店起名方法有：

1. 以店主的姓氏结合经营项目命名　如长沙的伍氏猪脚、四娭毑臭豆腐、徐记海鲜、刘老爹口味虾等。这类名称给人感觉平易近人，而且直接阐明主打菜肴，更容易吸引顾客光临。

2. 突出地方特色　每个地区都有其独特的饮食风味，如果实在不知道起什么名字，可以从这个方面入手。在店名上体现出区域特色能自带流量，还能吸引大批的旅游者光临。在中国很多地区性的餐饮名字家喻户晓，比如兰州拉面、常德津市牛肉粉、沙县小吃、老北京炸酱面、重庆鸡公煲、柳州螺蛳粉、锦州烧烤等。

3. 突出产品的特色　看一眼就可以知道餐馆菜肴的特色，这种名字非常适合口口相传。比如知名火锅店海底捞，人们一看见“海底捞”就知道是火锅店。另外中国麻将有一个术语叫“海底捞月”，意思是最后一张牌和了，所以海底捞还有幸运和高端的隐藏含义。再比如小肥羊，也是一家知名火锅餐饮品牌，把产品肥羊肉加个“小”字直接用来起名字，既让人感觉食欲大盛，又有一丝丝可爱的感觉，是一个非常好传播的名字。

4. 联想起名法　知名餐饮品牌真功夫是联想起名法应用得当的典范。真功夫前身叫双种子，这个名字听起来像搞农产品的，不像是一个餐饮企业。真功夫的产品的独特之处在于选择了“蒸”这种工艺，相对于炒，蒸食显然更容易标准化，更健康、营养。真功夫的亮点是“蒸”，真字恰好一语双关，那么，功夫二字是如何考量的呢？当时，中国向世界输出的大量影视作品、文化作品都是与功夫相关的，自然功夫文化给全世界留下的印象极深，真功夫又是一个致力于成为中式快餐第一品牌的企业，于是就选择了特别具代表

性的"功夫"。真功夫凭借人们熟知的功夫文化，成功地让它的蒸食在消费者心中占据了一定的地位，在成名之后，形成了和"双种子"完全不同级别的品牌影响力。

5. 数字起名法 常见的有"八仙居""一碗面""四海酒家"等，这类店名通俗好记，十分适合普通市镇酒家命名。

二、教育类企业的命名

随着人工智能、大数据、5G 等新一代信息技术的应用，传统教育与现代教育差异化明显，技术的进步给现代教育行业突破规模化和个性化支持创造了可能，促进了教育公平、提高了教育质量，智慧教育发展未来可期。加上政策放开，很多有实力的老板纷纷进入教育行业，想做出一番事业。正所谓"少年强则国强"，那么如今的教育公司这么多，怎样吸引顾客的目光？教育公司的内部理念共识是：确保教育培训质量才是打造一个品牌的基本前提和保证。而一个贴切而绝妙的命名，能大大减小产品被消费者认知的阻力，能激发顾客的联想能力，增进顾客对产品的信赖感，准确地体现产品的特点和要塑造的品牌形象以及消费定位。

比如新华电脑培训学校，这个名字就起得很好，强化了客户对于培训学校的认知。"新"与"旧"相对，指万事万物的开始、更新，或者指刚出现、刚经历到的。华象征光辉、繁华，引申意为美丽光彩。新华喻指为社会培养一批批 IT 精英，成就万千初中生的 IT 梦想。

那么如何给培训学校起一个响亮而独特的名字呢？

1. 给培训学校起名字首先要明确类别 教育这个词非常广泛，有很多细分市场类别：幼儿学前教育、素质教育（包含各种素质和特长培训，如舞蹈、棋类、乐器、机器人、口才、美术书法等）、职业培训、留学、游学、高考自主招生和志愿填报、艺考培训、各种外语培训（从幼儿到成人）、教育信息和综合服务等。开教育公司或者培训学校，必须有专业针对性，要明确主要针对哪个客户群体，培养哪方面专业人才；若教育群体不同，则起名风格迥然不同。

对于幼儿学前教育企业，名字要可爱有童趣、简单又好记。如金宝贝早教、红黄蓝幼儿园、小新星国际英语、蓝天使主持、嘻哈帮街舞、番茄田美术、树童美语等。所以给幼儿学前教育起名字可以多从儿童使用的物品、所看书籍中的动植物以及动画片等素材中找灵感。比如糖粒子幼儿园，这个名字非常特别，让人觉得把孩子放在这里，孩子的学习和生活会像糖一样甜。

对于素质类的教育企业，机构名字要结合本身相关项目的特点。比如美术类的培训机构，品牌就要结合美术相关的文字展开。例如大卫美术，这个大卫取自达·芬奇的知名雕塑“大卫”，寓意能把孩子培养成像达·芬奇那样有艺术细胞和才华的人，这个名字体现了机构的专业性和美好愿景。又如东方童画，这个名字非常巧妙，谐音东方童话，一听就非常有艺术感，寓意孩子能用童画书写童话。涂来涂去，这个名字看上去似乎比较随意，但是仔细推敲就发现，它起得非常好，提倡了让孩子随心所欲地表达自己的艺术想法的理念，让孩子始终保持想象力。舞蹈类的培训机构，要体现艺术的美感或者含义。炫舞星舞蹈工作室，这个名字简单直白地表达了舞蹈要炫出自我的理念。千艺舞蹈则体现了该机构的舞蹈科目繁多以及艺术学无止境。

对于为企业培训人才的机构，考虑到顾客都已经有了丰富的社会阅历和经验，机构名称要富含哲理、体现实力、激发梦想、催人奋进。例如国内最大的企业培训机构之一的聚成培训，取汇聚成功之士、汇聚成功方法之意。又如思八达企业培训，寓意打通企业家思维，让思维四通八达，就可以解决企业遇到的各种问题，进而获得成功。还有长松培训，寓意不断学习、让企业基业长青之意。

2. 借用知名的名字来起名 借用知名的事物名称来起名，可以大大降低理解和记忆的成本，起到四两拨千斤的作用。比如北京有个很知名的舞蹈机构叫 I see 灰姑娘，翻译成中文可以理解为“我看见灰姑娘”。众所周知，灰姑娘是欧洲著名童话中的人物，在全球范围内几乎无人不知，而灰姑娘就是通过跳舞和王子认识，进而华丽“转身”成为王后的。灰姑娘是平凡走向卓越的象征，她本身和舞蹈就有千丝万缕的关系，又凭借舞蹈成就了自己的美满姻缘，寓意这个机构的舞蹈十分专业，可以提升气质、改变状态和命运。由此可见这个名字有多么优秀！

笔者的一个朋友，开了一家美术机构，叫大圣美术，这个大圣不用解释都知道指的是西游记中的孙悟空、孙大圣。大圣美术这个名字，寓意着期望孩子像孙大圣一样天马行空、本领高强，最终学业有成。这个朋友的美术机构办得很好，一直不愁生源，已经成了连锁品牌，除了他注重教学和师资的打造外，这个好名字也帮他带了不少流量。

朵拉艺术，这个名字源自美国著名动画片《爱冒险的朵拉》，而且朵在中国有花朵、含苞待放的意思，所以不论是中文还是英文都有美好的寓意，称得上是一个好名字。

如果问每一对父母希望孩子将来考入哪所大学，估计中国大部分的家长都会说想要孩子考入清华或北大，这是每一位学子梦寐以求的学府。因此，教育公司可以抓住家长和学子的想法，起一个能代表人们梦想的公司名字，比如“北清培优”“北清学苑”等，有助于得到大众认可。当然，这种方法需要匹配相应资源，否则会无法通过审核或者面临法律风险。

还可以用知名的教育界人物或者教育方法命名。比如蒙特梭利是20世纪享誉全球的幼儿教育家，她所创立的独特的幼儿教育法，风靡了整个西方世界，深刻地影响着世界各国，特别是欧美先进国家的教育水平和社会发展。所以以蒙特梭利命名的幼儿园或者早教中心层出不穷，让人可以第一时间知道这个幼儿园和早教中心的教育理念和方法。再比如日本的七田真博士，其一生致力于右脑教育的研究、开发和推广。他的幼儿教育理论远播美国、加拿大以及澳大利亚等地，在国际上影响广泛。借用他的名字，市场上出现了七田阳光、七田真右脑开发、七田布睿恩等早教品牌。

3. 用最概括的词语直接体现机构的特色 一个让人拍案叫绝的名字是北京的高思教育。德国著名数学家高斯巧妙计算的故事几乎连小学生都知道：高斯在9岁上小学的时候，有一天老师故意布置了一道为难学生的数学题，没想到高斯1分钟就给出了正确答案5050，而且还解释了解答方法，让老师大吃一惊。高思教育借用谐音，一方面表达了对数学家高斯的敬佩之情，让这个名字让人更容易记住，另一方面强调了思考的重要性。这个名字一语双关，简洁明了，堪称培训机构起名字的标杆。换句话说，你想要打造什么样的机构，就要把自己的理念大胆地向消费者主张出来，只有这样才能深入人心、脱颖而出。以作业帮为例，它这个名字就是把自己的特点用最精华的三个字总结了出来，“帮助”学生检查“作业”的答案。另外，也可以在平台上付费，请老师“帮忙”进行线上一对一作业辅导。总之，作业帮将自己的业务和名字紧紧联系在一起，让家长一想到作业解决方案就想到它。总部在四川的著名少儿英语品牌国际私塾，这个名字就直接阐述了机构的核心模式，即全是外教来教小孩子，同时，都是像古代私塾一样小班教学，教授经典和精华，也是名字和业务紧密结合的典型。此外，这个名字一听就非常“高大上”和国际化。再比如学霸教育，这个名字直截了当地阐述了来学习就可以变成“学霸”的意思，看似简单粗暴，但是非常通俗易懂。

这里还有一个反面例子。这几年人工智能教学开展得如火如荼，其中的翘楚是由著名教育专家栗浩洋创立的乂（yì）学教育。这个“乂”字，估计95%的人都不会读或者读不准，这个字本意是割草或收割谷类植物，引申为治理、安定，作为名词引申为才能出众的人、有才德的人。旧称才德过百人为乂，看起来确实是一个很有内涵和寓意美好的字；同时“乂”有点像英文中的“X”，寓意不同的科目、无限的可能。但是这个字因为太过于生僻，在传播过程中需要解释或者很难有人解释清楚，因此对于一个新品牌的推广是非常不利的。后来公司发现了这个问题，果断地把名字改成了松鼠AI。AI就是人工智能的意思，松鼠有机灵、灵巧的意思，这个名字显然更容易让人记住。

三、商贸类企业的命名

商贸永远都是社会经济的重点。商贸涉及的行业很广泛，比如服装、皮革、鞋帽、零售、建材、珠宝、食品等。给人们生活带来便利的同时，也能为国家带来很大的一笔收入。因此，很多的人创业都会选商贸行业。“万事俱备只欠东风”，这是《三国演义》里诸葛亮的一句名言，大家在商贸公司成立之时一定都做了很多准备工作，而好的公司名称就像是这东风，是公司成长路上不可或缺的一环。

1. 商贸公司起名要素

（1）给商贸公司起的名字必须易记、易读，能够体现商贸公司的特征，与商贸公司的文化相得益彰。如果一个商贸公司的名字是大多数人不认识的，那么它在宣传和推广中必须花费大量的金钱和精力去告诉客户自己的名字是怎么读的。另外，能不能体现商贸公司的特征和商贸公司的文化，也是判别商贸公司名字好坏的一个标准。北京有个很出名的连锁超市叫物美，它的商品相对别的超市更加平价，让人很容易联想到“物美价廉”这个成语，因此它的生意非常火爆。

（2）商贸公司的名字必须符合有关国家和地方的法律规定，符合行业的规则以及兼顾商贸公司业务所在地方的风俗人情。比如前文提到过的 Coca Cola 这个美国饮料巨头，在把这个产品引入中国时，在把这个名字翻译成什么中文上，颇费了一番周折。最后选中的可口可乐这个经典的名字，让国人很容易地就接受了，它不仅符合英文谐音，还把中国人最美好的祝福融入进去，从可乐这个饮料让人联想到好运、快乐、圆满等。

（3）商贸公司取名字必须符合社会和消费者的价值观念，体现商贸公司对社会的责任。例如国美寓意国富民强、幸福美好；苏宁起家自江苏南京，一个宁字寓意幸福安宁。名字突出社会性、符合社会期待，商贸公司才能够被社会所认可，才能够被社会接纳，获得良好的社会效益。

2. 商贸公司起名字时应尽量考虑以下几点

（1）商贸公司起名不要一味追求中文和英文名称的谐音。因为中文的发音和英文有许多是不一样的，可以用意译来代替。

（2）商贸公司起名要尽量体现自身的业务特点。有的公司在许多地方打广告，消费者也知道了它的名字，可是他们却不知道这个公司是干什么的，那么宣传效果就大打折扣。

（3）如果商贸公司定位于全球发展，就必须选择一个能够让不同文化和语言的人都接受的名称，比如联想、intel、IBM 等。如果定位在一个具体的行业

发展，就必须选择一个比较专业的名称，例如联邦快递、东方航空。

3. 商贸公司起名应注意的事项 随着品牌时代的到来，形象制胜已成为一种理念。无论是个人、公司、企业还是楼盘等，都要先树立起良好的形象，提炼出首屈一指的企业文化，拥有吸引人的气质、卓越的个性，才能在市场竞争中抢占制高点，立于不败之地。而企业文化的核心之一就是企业名称，不起一个好的企业名，就像画龙不点睛，是劳而无功的。

(1) 商贸公司起名起点要高。树立良好的企业形象，从公司起名开始。起名必须要超越时空、引领时尚、新颖别致、卓尔不群；捷足先登、站在至高点的名字，才能起到震撼和刺激的作用，会一石激起千重浪，迅速打开市场、赢得客户、稳住消费者。如华为公司以“心系中华，有所作为”为商标底蕴，便体现了高起点。

(2) 商贸公司起名立意要新。公司文化应该是一种鲜活的、快速成长的、灵动的、与时俱进的文化，支撑引领公司文化的核心动力就是公司名称，这个名称应该立意新颖，足以让人留下印象。不够新颖的名字，则难以让消费者第一次见就铭记于心。如“香奈尔”“金利来”“七匹狼”等品牌，至今仍是时尚的化身、精品的代名词。

(3) 商贸公司起名定位要准。一个与众不同、充满魅力的品牌名称在设计上就应该能够体现企业产品的优点和特性，显示出特殊的魅力。如“可口可乐”就是饮料、文化、生活的象征；“海飞丝”“飘柔”是洗发水的代名词；“雪亮眼镜”“大明眼镜”“启明星眼镜”等，一听就和眼睛明亮有关，让人一下能记住。

(4) 商贸公司起名应符合企业理念。企业的名称应以企业为出发点，与企业的服务宗旨相一致，这样有助于企业形象的塑造。企业理念将企业的经营哲学、经营方针、精神口号以“企业沟通”的方式予以明确化，是企业形象定位和传播的原点。它并非抽象的教条和空洞的口号，应既具有时代气息又反映企业的个性，足以催人奋进。

(5) 商贸公司起名应合理合法。为企业取名不能胡乱联系、随意解释。首先，要求取名人具有较高的文化素质及相关的法律知识，如果企业取名闹出了笑话，那可是给自己帮了倒忙、做了负面广告。有悖于人们的常识和法律规定的名称，将事与愿违。

(6) 商贸公司起名应明确经营项目。所有的企业公司都是有了经营项目后再计划怎么去经营，然后再策划怎么去组建一个单位的。在为公司取名的时候一定要明确自己要经营的项目。而且所取的名字要与经营项目有关系，总不能在鞋店门上挂个“一碗香鞋店”的牌子，给美发屋上标个“金算盘美发屋”吧。如果是卖眼镜的，就该围绕“光”“明”去取名了；如果是美发店，则该有点美的味道、青春的气息。

（7）商贸公司起名应确定服务对象。企业的产品准备卖给哪一类人，服务的对象又是谁，这是应该明确的，包括是男人还是女人、是成年人还是小孩、是中国人还是外国人、是提供高档次服务还是中低档的等。例如，娃哈哈 AD 钙奶，这个名字就非常适合儿童；再如劲霸男装，一听就是为高端男士提供服饰的；完美日记、欧莱雅等，一听就是为女性提供化妆品的企业；顺丰快递，谐音“顺风”，马上就能让客户意识到是送快递的，而且速度很快。

（8）商贸公司起名应有取名依据。如果你想取个古典的、传统的企业名称，就该选阅古代文化典籍，如《诗经》《易经》《道德经》《全汉赋》《全唐诗》《全宋词》等，这些书中有很多优美、典雅的词汇值得去化用；如果要取现代的、流行的名称，就得了解“现代汉语”，所选名称要符合现代人的习惯；如果取个与外语相联系的名字，就更得中外语法兼顾。比如说，为什么娃哈哈这么受欢迎？除了产品本身的质量好、效果佳之外，还有一个很重要的原因，那就是“娃哈哈”这一名称是从儿童歌曲《娃哈哈》中借来的，而《娃哈哈》是一首深受孩子们喜爱、流传很广的歌曲。这种“巧借东风”的办法，正是厂家的一种巧妙的经营策略。歌曲的广为流传，已经为产品的知名度奠定了基础。不仅如此，“娃哈哈”这一名称本身也颇有玄妙。首先，从发音上看，“娃哈哈”的三个音节（wahaha）都是由一个声母和一个单韵母 a 组成的，而 a 则是汉语所有韵母中开口度最大、发音最响亮、也最容易发的音。为什么刚出世的婴儿发出的第一个音节总是“啊”（a），刚学话的孩子学会第一个词大都是“爸、妈”（ba、ma）？原因就在这里。为什么每当孩子们集体演唱《娃哈哈》这首歌时，一唱到“娃哈哈、娃哈哈”这句，歌声就会显得特别响亮、整齐、带劲？正是因为许多孩子唱不出其他歌词，却轻松地学会并牢牢地记住了“wahaha”这三个音节。因为“娃哈哈”这个名称特别好叫，非常适应儿童的语言表达能力，所以，它也就容易被孩子们挂在嘴边上，成为孩子们向父母纠缠求索的对象了。其次，从听觉效果来说，“娃哈哈”由三个叠韵词组合而成，其中的“哈哈”又是一个叠音词。叠韵、叠音本身都具有一种独特的音响效果，组合在一起就更能给人一种音乐美的享受了。另外，“哈哈”二字又是模仿人的笑声而产生的拟声词，笑声总是令人愉悦的。因此，听到“娃哈哈”这个名称，往往可以引起人们的一种愉悦感，从而也就引起了人们对这一产品的好感。再次，从视觉效果上看，就说“哈哈”两个字吧，人们一看到它，常常会情不自禁地联想到那一张张大开的笑口，那一副副欢快的笑脸。因此，看到“娃哈哈”这个名称，往往可以使人产生一种哈哈大笑的视觉形象，形成一种愉悦的情绪，从而激发起人们购买的欲望。除了“哈哈”一词已表达出一种愉快的情感之外，“娃”字也是一个带有感情色彩的词。总之，“娃哈哈”这一名

称既适合儿童的心理、生理特点，富含强烈的儿童情趣，容易激发儿童对它的浓厚兴趣和强烈喜爱，同时又能巧妙地引发父母对孩子健康、快乐地成长的热切期望。因此，作为主营儿童营养食品和各种饮品的品牌名称，“娃哈哈”可以说起得再恰到好处不过了。

四、汽车类企业的命名

就汽车行业而言，品牌作为产品的代表，不但代表着车型，而且是汽车功能、质量、信誉和形象的综合反映。从市场营销的角度来看，品牌因形象设计而获得价值，因商标注册而得到保值，因广告宣传和汽车消费而持续增值。随着品牌知名度和美誉度的不断提高，虚无缥缈的品牌甚至比货真价实的汽车更为珍贵了。因此，美国著名广告学家莱瑞·莱特认为：“未来的市场营销是品牌的战争——品牌争长论短的竞争。无论是工业界还是商业界，都将认识到只有品牌才是企业最珍贵的资产。因为，拥有市场比拥有工厂更为重要，而拥有市场的唯一途径就是首先拥有具有市场优势的品牌。”但是，对于品牌设计的原则和模式，即如何设计汽车品牌，人们的看法却有所不同。突出企业特色、便于迅速传播、利于强化记忆、诱发美好联想、注意概括性、重视形式美，以及具有独特性、诱导性、简洁性、通用性和合法性等，固然是品牌设计不可忽视的要素，但是，强调其内在的逻辑联系则是更为重要的。汽车品牌离开设计的心理基础，不但品牌设计会成为无源之水，而且品牌认知也会成为无本之木。从心理过程的角度看，认知、情感、意志，以及它们所涵盖的注意、记忆、思维、想象等心理活动，显然是品牌作用的心理轨迹，当然也是品牌设计必须坚持的心理模式。

1. 突出汽车产品特点 所谓突出汽车产品特点，就是使汽车品牌能够准确反映出其所标志的汽车产品的特点。一般来说，产品特点是由它的市场定位决定的，而市场定位则取决于市场细分和目标市场。只有根据某种车型所针对的特殊消费群来设计其品牌，才能起到“以牌养牌”的作用，并因此而影响群众的消费选择。戴姆勒—奔驰公司在过去相当长的时间里，一直满足于用字母和数字作为车型的标志。但是，当汽车车型发展到了190多个品种时，这种以字母和数字作为标志的做法就表现出了局限性。字母和数字虽然是一种文字标志，却不能告诉消费者更多的东西，用户无法从字母和数字中区别各类车型及其特点。于是，该公司接受了德国国际汽车命名咨询公司的建议，将公司生产的轿车划分为运动型、风趣型和优美型三大类，并以此作为命名的基础。1995年以前，德国奥迪公司的产品全部以数字标示，分别称之为奥迪80、90、100、200等；1995年以后，则改之为以字母标示，将奥迪 80 和 90 称之为奥迪 A4，奥迪 100 称之为奥迪 A6。1996 年，奥迪针对中国市场，推出了装备 V6 发动机的奥迪 100C3V6，表示该车型是 C 级轿车的第三代。同时，为了区别于一汽集团生产的奥迪 100，一汽—大众又将奥迪 100C3V6 重新命名为奥迪 200。显然，世界著名汽车生产厂家在设计汽车品牌时都非常重视贯彻突出汽车特点的原则。如果说汽车品牌要反映汽车的特点，那么，企业品牌则应该反映企业的特点。而最能概括企业特点的，往往是企业的理念。克莱斯勒公司的形象标志是枚五星勋章。从整体上看，它是个等边五角星，但是，其内部又被五星分割成了五个部分，类似于人伸开的五指，将欧、美、亚、非、澳五大洲紧紧地抓在手里。显然，此形象标志直观而形象地表现了克莱斯勒占领市场的雄心壮志。在我们国家，第一汽车集团紧紧地抓住顶天立地的“1”字，“长安”即长治久安，“夏利”即华夏得利，均反映了企业的理念。

2. 诱发美好联想　品牌既然是消费者选择商品的重要因素，当然要引起顾客的好感。诱发美好联想，就是要通过精心设计，铺设一条让消费者必须经过的思维通道，让消费者由此及彼、触景生情，通过对汽车品牌的感知，得到一种理想化的思维结果，并以此吸引消费者，影响他们的价值判断。1886 年，世界上第一辆汽车在德国问世；1901 年，世界上第一块汽车牌照在德国出现。当时汽车还是凤毛麟角，悬挂何种牌照可以随心所欲。于是柏林的一位大企业家就把自己和妻子之名的第一个字母 IA 抽取出来，并以“-1”以贯之，使之成为“IA-1”，以表示两人之间的感情“始终如一”。还有一位叫约翰·史密斯的人，曾经用重金购得“JS-00001”车牌。JS 是其姓名的缩写，以“-00001”贯之，取意为“老子天下第一”。德国宝马汽车的形象标志由两个同心圆组成，两圆之间的“BMW”为公司之名的缩写；内圆之中蓝白相间，既如蓝天上白云飘浮，又如螺旋桨在不停地旋转。回忆过去，可以使人记起宝马公司在航空发动机技术方面辉煌的历史；联想未来，可以使人看到宝马汽车无限广阔的发展空间。汽车品牌是成千上万辆汽车的标志，设计起来更应当慎之又慎，尽可能排除或改造那些含有消极意义的品牌。一个典型的反面例子是：美国救护车公司成立 30 年以来，一直以“态度诚实、可靠服务”为宗旨，并将这四个单词的第一个字母“AIDS”缩写在救护车上。可是，自从艾滋病开始流行，该公司的生意竟然一落千丈。原来，艾滋病的缩写也是“AIDS”，人们避之唯恐不及，谁还敢用你的救护车呢？

3. 顾及文化差异　顾及文化差异，是指在设计汽车品牌时，必须以市场细分和目标市场为导向，符合该特定消费者群体的心理需要和价值判断，并注意不要与特定消费者群体的文化信仰产生冲突。文化差异既有国家、地区、民族和种族之分，也有年龄、性别、职业和个性的差别。其中，最为显著的文化

差异是国家、地区、民族和种族之间的差异。美国有着世界上近乎独一无二的拓疆文化——粗犷、率真、豪迈、勇敢。显然，在这块土地上破土而出的品牌，无不具有雄浑、奇特的特点。意大利以古罗马“斗兽场”而名扬天下，在此背景下成长起来的菲亚特汽车，其品牌也表现出争强好胜、勇于拼搏的特点。菲亚特属下的兰西亚汽车公司，其形象标志是一面盾牌。盾牌中不但有挑起战旗的长矛，而且战旗上的“兰西亚”（LANCIA），在意大利语中也含有“长矛”之意。不同的文化群落，其心理需要和价值判断不同，因此，同一品牌在不同的文化背景下，消费者对它的理解也会不同。20世纪60年代，通用汽车公司在墨西哥推出一款“雪佛兰诺瓦”牌轿车，很少有人问津，究其原因，是因为在西班牙语中，“诺瓦”是“走不动”的意思。福特公司生产的“艾特塞尔”也曾销路不佳，其原因也是因为“艾特塞尔”与当地一种止咳药的名字非常相似。在俄罗斯，著名的拉达牌轿车名为“日古利”。日古利系伏尔加河畔的一条山脉，高山巍巍，取意自然不错。但是，在阿拉伯语中，“日古利”与“骗子”“假货”的读音相似；在英语中的意思也不好。为了便于汽车出口，只得将日古利改为拉达。在我国，东风公司生产的“东风”牌汽车，在中国当然是“东风浩荡”；为了将“东风”吹向世界，该公司将出口版的“东风”改品牌名为“风神”。谈到文化差异，必然会涉及品牌的翻译，特别是外来品牌的汉译问题。曾有人提出通用名车Cadillac是译成凯迪莱克、凯迪拉克、凯迪莱克斯、凯迪拉克斯还是译成卡迪拉克的问题，认为“凯迪莱克”和“凯迪莱克斯”的音译使人感到诚实可靠。由此可见，汽车品牌的翻译应以“雅”为先，尤其要注意不同文化背景下的不同含义，特别要防止出现消极含义。从市场营销的角度看，汽车品牌不只是汽车的名称，也是消费者选择汽车以及价值判断的依据。日产公司生产的“尼桑赛德里克”（NISSAN Cedric）借用了巴奈特小说中的主人公“赛德里克”的英名，赛德里克是古希腊一位号称“美男子”的公爵。人美车美，人贵车贵，我国的品牌翻译大家将“尼桑赛德里克”译为“公爵王”，极具中西合璧之美，十分之“雅”，可谓是神来之笔。最为著名的是将BENZ译成“奔驰”。“奔驰”是“本茨”的谐音，却又含有“飞奔驰骋”之意，可谓是外来译文的经典。既朴实敦厚，透着几分爱意；又庄重高雅，透着几分敬意。显然，将“BENZ”译为“奔驰”，比译成“梅赛德斯”，更能引起中国人的喜爱。除此之外，将BMW译成宝马、OPEL译成欧宝、JETTA译成捷达、PEUGEOT译成标致、RENAULT译成雷诺、BUICK译成别克、DAIHATSU译成大发、CITROEN译成雪铁龙、PORSCHE译成保时捷、BENTLEY译成宾利、FERRARI译成法拉利、MAZDA译成马自达、CADILLAC译成凯迪拉克、ROLLS-ROYCE译成劳斯莱斯等，也都是非常成功的品牌翻译。

4. 符合认知规律 品牌是沟通产、供、销的桥梁。因此，符合认知规律，是指所设计的汽车品牌，既要有利于吸引消费者的注意力，也要有利于消费者的记忆储存。对消费者的品牌认知来说，企业是相当被动的。既不能强迫消费者注意，也不能强迫他们记忆，那些符合“无意注意规律”的品牌，才能够自然而然地引起消费者的注意而进入他们头脑，才能成为企业的无形产品或无形资产。心理学研究发现，凡是能够引起无意注意的信号，无不具有黑白分明、对比强烈的特点。这就是说，汽车的品牌设计越是新颖独特、别具一格，即对象与背景的差别越大，越能产生“万绿丛中一点红”的效果，从而引起人们的无意注意。1980 年，本田技研工业公司的创始人本田宗一郎曾经提出要“重新设计自己的车标，让人们一眼就能认出本田公司的汽车”。为此，该公司不惜花重金在世界范围内征集设计方案。一个月之内，就征集到了 2588 件作品，并最终确定“HONDA”的第一个字母“H”为公司的形象标志。1981 年，该标志正式启用。1991 年，公司对标志重新装扮，在“H”外边加了一个方框，使它更加丰满起来。韩国现代公司也喜欢这个“H”，而且师出有名，其公司的英文名称 HYUNDAI 前面也有“H”。为了与本田的“H”区别开来，该公司将方框改成了椭圆，将“H”设计成斜体。你方我圆，你正我斜，乘风而行，不怕你们记不住“现代”。除方圆、正斜之外，大小、高低、黑白、浓淡、新旧、动静等都是对比。心理学研究发现，在相对静谧的背景中，活动的事物更容易成为人们注意的对象。于是，福特汽车公司就利用注意心理学中的“似动”原理来设计自己的形象标志。福特公司以创始人亨利·福特的名字作为自己的“旗帜”。本来，其英文字母“Ford”是不动的，但是，设计师们却投福特所好，将“Ford”艺术化为一只活蹦乱跳的小兔子。蓝底白字，蓝如蓝天，白如白兔；既生动活泼，又温馨可爱，可以使人产生过目不忘的效果。除此以外，我国东风公司的形象标志也是“似动”的成功范例。两条首尾相接的变转箭头，剪形如燕子的尾羽，似燕子迎风起舞，也似车轮在滚滚向前。重复是记忆之母。同一种信号反复出现，就会如越碾越深的车辙一样，在我们的脑海里打上深深的烙印。沃尔沃的文字标志“VOLVO”是拉丁文，其含义是“我要动”，即“滚滚向前”。短短五个字母，就有两个“V”和两个“O”，而且“VOLVO”本身也颇像一辆汽车，只要进入你的视野，就会占据你的心灵。

5. 注意品牌标志的概括性 品牌是企业及其产品的代表。无论是企业还是汽车产品，都同时具有多种属性。以品牌来代表整体，最佳的途径就是概括，即通过分析、比较、抽象的思维过程，将企业或者汽车产品最本质的特点表现出来。同时，人们要在有限的时间里获得更多的信息，最佳的途径也是概括。这就是说，品牌的文字标志，应当是一个自然名词，而不是情节详尽的说明；品牌的图形标志，应当是一幅抽象的图案，而不是线条细腻的写生。世界

上在概括方面较为成功的品牌当数通用公司的形象标志。仅仅取“通用”(GENERAL MOTORS）两个单词的前两个字母“GM”，就已经说明了一切。确实，以通用公司的产品和名气，无须再画蛇添足。除此以外，通用公司生产的多用途名车“雪佛兰”，不但其文字标志是以赛车手雪佛兰的名字命名，而且其图形标志也是蝴蝶结的抽象，如同抽象派画家的杰作，既简洁明快，又超凡脱俗。还有该公司生产的“土星”牌小轿车，其文字标志取自美国“土星”号月球探测卫星，其图形标志也如“土星”奔向月球的轨道。虽然十分简洁，却又包含了科学、技术、现代、未来等非常丰富的内涵。一般来说，越是抽象和概括，对客观事物的反映就越是广泛和深刻。

6. 重视品牌标志的形式美 品牌设计应当赏心悦目，使人产生艺术美感。对美好形式的追求，既是人的一种本能，也是一种普遍的心理现象。正如苏联著名文学家高尔基所说：“对美好形式的追求是人类的本能。一个人，即便是个彻头彻尾的市侩，他仍然是爱美的。”无论从品牌认知的角度，还是从品牌评价的角度来看，品牌的形式美都是实现品牌功能的决定性因素。美在和谐。格调高雅、结构协调，不但可以提高品牌自身的价值，而且可以诱导消费者产生购买动机。动机即行为的动力，汽车促销和品牌认知等诱发因素，往往可以导致消费者现实的购买行为。但是，在强调品牌设计的审美原则时，不能将品牌与艺术品等同起来，若忽视了品牌的营销功能，再美丽的东西也产生不了商业价值。

五、新兴科技类企业的命名

科技乃兴国之本，随着中国国力越发强盛，现在正在诞生或者将要诞生很多世界级的科技公司。如何起一个如雷贯耳，好听好记的科技公司名字呢？笔者总结了几种科技公司起名技巧。

1. 名字本身就有很强的故事性和联想性 现在是大数据时代，我们能接触到的信息越来越多，因此，大家浏览信息的速度也变得越来越快，想要公司的名字在一瞬间抓住人的眼球，就需要这个名字能带给他人联想，从中能丰富自己的故事。如果一个名字仅仅只有字面意思，那么它很难让别人记住。这方面有不少科技公司都深得其中精髓。比如，中科寒武纪科技股份有限公司（简称：寒武纪），是发布全球第一个能够“深度学习”的“神经网络”处理器芯片的高科技公司、全球芯片公司的独角兽，而寒武纪这个名字寓意颇深。寒武纪本来是地质学概念，是显生宙的开始，此后短短数百万年时间里，有大量多细胞生物突然出现，而这一爆发式的生物演化事件被称为“寒武纪生命大爆炸”。取名寒武纪，是公司初创者想以生命的爆炸性出现来类比公司的高速发展，寓意公司的技术迎来爆发性的革命，引领全球。就是这样一个略显神秘又寓意生机勃勃的名字的公司，从2016年创立，到2020年上市科创板，上市当天涨幅290%，市值超千亿，可谓创造了科技界的一个神话。

2. 将流行与公司理念相结合 我们能从网络上发现大众近期比较喜欢的东西，然后将之用在科技公司的名字中。比如这几年的古装剧受到很多人的追捧，那么我们就可以将古风元素加入公司的名字，但是需要注意的是，不能为了迎合大众取一个跟科技不相关的名字，名字一定要与公司的形象和理念相结合。比如阿里巴巴旗下的研发公司叫达摩院，这个名字起得非常棒。达摩本是指达摩祖师，为中国禅宗的始祖，也是许多武侠小说、电影中的绝世高手，留下了很多“绝招”。这个名字颇符合阿里巴巴一贯喜欢起武侠色彩名字的风格，给科技感上加了一股侠义之气。达摩院这个名字有两层含义：第一层含义是，达摩院是一所致力于开展基础科学和颠覆式技术创新研究的企业驱动型“新型研发机构”，布局量子计算、机器学习、网络安全、视觉计算、芯片技术、传感器技术、嵌入式系统等全球最前沿研发领域，拥有一大批全球级别的高水平的科学家，公司中高手如云，故用达摩院自比。第二层含义是，达摩祖师自己研习佛法，为众生传道解惑；而达摩院作为研发最前沿科技的机构，其发展目的也是给人类带来福音，让人类的生活学习、自然环境、医疗健康等更加美好。达摩院成立，喜报频传，在多个领域拿下多项世界第一。

3. 将有寓意的动物、植物形象、名称加入公司名字 用动物、植物来起名是一种潮流，也非常有趣。以这种方式起名归纳起来有三个方面的原因：第一，公司看中了某些动物的特殊品质或者寓意，认为它们契合自己的产品和服务，能加深用户对公司的印象；比如阿里健康正式改名为医鹿，鹿在古代就有健康的寓意；再比如阿里旗下的天猫商城，猫是一种很挑剔的动物，所以起名天猫寓意可以给消费者提供最好品质的选择；再比如盒马鲜生，之所以叫“盒马”，有两方面考虑。其一是盒马最早是做外卖的，所以盒马的盒，确实就是盒饭的盒。后来业务调整，盒马开始做现在的“盒马鲜生”门店，当时定下了一个口号，叫“盒马嘴大，吃遍天下”，于是盒马的名字就沿用至今了。第二，人们更愿意接受可爱的动物标识，这种标识上至老人下至孩童都极易产生好感，受众面极广，而盒马谐音“河马”，正符合这种需要。第三，小孩子和老年人这样的人群对科技可能无感，但是动物却可以迅速拉近他们与公司的距离；品牌拟人化运营，意味着以动物的形象给消费者一种温暖的亲切感，动物都是有生命的，这样一旦产生感情，对产品的热情也会成倍提高。

说完动物，不得不提到用植物给科技公司命名的例子，比如豆瓣读书、花椒直播、西瓜视频、瓜子二手车、蘑菇街、荔枝微课等。用植物起名貌似不像动物的寓意来得那么直接和贴切，但最大的好处就是用户不用去记忆一个新名

字。虽然西瓜和视频没有啥关系，瓜子和二手车联系起来也很牵强，但它们都是常见的植物果实，非常好记，容易让顾客在最短时间内对品牌产生足够的印象。

六、大厦与楼盘的命名

中国房地产业高速发展了几十年，全国各地的楼盘数不胜数。能不能给楼盘起个好名字，不但影响这个楼盘的销量，还决定了这个楼盘在这个城市中的定位。楼盘名称的结构，一般来讲应是“描述词汇＋定性名词”，定性名词可用“花园、公寓、公馆、轩、苑、院、府、台、厦、居、坊”等。描述性质的词汇多种多样，以能体现特色让人有印象深刻为准，如“东方”“书院”“大观”等。特别要注意的是，有些城市对楼盘的定性名词进行了规范，不能随意用。如《深圳市地名管理办法》中《地名的命名、更名及注销规则》一章规定，地名用词不能使用易产生歧义或导致公众混淆的字词，不能以外国地名命名，不能使用违背公序良俗或可能产生其他不良社会影响的字词等。

具体来讲，楼盘命名有以下十种方法：

1. 地理位置起名法　根据楼盘所处的地理位置、行政区划来起名，如青云大厦、西湖花园、锦绣湖豪景苑等。实际使用时，主要是根据街、镇或区的名称设计前缀。例如北京的香山艺墅、香山别墅、北京·印象、荣国府、世博花园，上海的上海早晨、上海知音、上海春城、上海年华、上海家园、上海豪园、上海故事、上海一街区、上海滩花园洋房、上海名城，济南的大子庙商贸城、金陵名人居、蜀韵雅居、吴越天下、华南诗城等。

2. 开发商名称起名法　直接用开发商的简称加定性名词作为楼盘名称。例如万科金域蓝湾、恒大御景半岛、华润凤凰城等。

3. 自然环境起名法　根据楼盘周围的环境来命名，这类命名多用山、水、海、湖、森、地等字。例如深圳香蜜湖、山水芳华、碧海山居、东海山色、山海听涛、优山美地、东岸山色、阳光琴海、翠湖明珠、东方半岛、前海湾畔、阳光翠海、白云尊爵、天星湖畔、广景森邻、皇家美地等。但使用这种起名法时，要注意不能与法律法规发生冲突。

4. 时尚新潮起名法　如果强调楼盘特别的情趣与品位，希望通过楼盘名称传达出一种现代甚至后现代情调，以此区别于普通的大众楼盘，让人眼前一亮来产生卖点，可以适当地加入一些平时少用的字样，使人们在审读楼盘名的时候增加陌生感，从而更好地吸引一些追新求异的时尚达人。

这种类型的楼盘一般又分两个子类。第一种完全以少见的文字组合做楼盘名，第二种则兼顾时尚性及表意的清晰性。前者由于不适用于多数老百姓的接受习惯，故而相对少用；后者既含有“新味道”又符合大众需求，因此成为策划新宠。这种类型的楼盘通常吸引的都是都市年轻白领以及“海归”人士等。例如：

北京的首创·禧瑞都、梵悦108。

上海的复兴珑御、外滩99。

深圳的龙兴玖龙台、星河传奇。

5. 古典高雅起名法 这一类名字充分体现都市的“怀旧”情结。对怀旧题材的精心选择，最能引起现代都市人的心理共鸣与真情实感，主题题材一般都与楼盘本身有密切联系，房子本身也应该有引发怀旧的亮点。这类名字往往巧用典故，例如上海楼盘“世外桃源”，出自东晋诗人陶渊明的名篇《桃花源记》，广告借用诗中对理想国的描绘以及诗人对山水田园生活的赞美，暗示大众该地产宁静怡人、幽雅舒适，是安居乐业的最佳所在。

再如广州的“蓬莱阁”，在“洋气十足”的广告包围圈中，在浮躁喧嚣的国际化大都市里，能看到这么一个充满着浓郁传统文化气息的名字，让人心为之振奋。“蓬莱”本身就让人们想象出一种不食人间烟火的神奇境界，同时也满足了人们强调文化渊源的理想追求，蕴涵着丰富的人文积淀，而“阁”字则更代表了中国传统的居住格局，充分说明历史文明与现代文明不仅不是对抗的，反而还是相互呼应的。诸如此类的例子有：

北京的翰林苑、汉江苑、集贤雅苑、锦锈苑、清华坊。

上海的翠林居、居逸楼、天然居、书香门第。

广州的碧桂园、凤凰城、鸿景园、春晖闲庭。

长沙的天心印象、汀湘十里、西山汇景。

6. 借字谐音起名法 有时，开发商为了既突出楼盘名字中蕴藏的美好喻意，又不因太过直白而显得“俗”，会有意以借字谐音的方法，让楼盘或小区的名字产生出一种陌生感，但又不会影响对其喻意的正确理解。用得好了，不仅不显俗套，而且能增添趣味。例如：

北京：太阳公元（太阳宫园）、颐和原著（颐和园住）、圣世（盛世）一品。

上海：优贤（悠闲）生活、林奥嘉园（家园）。

7. 豪华贵族起名法 这种命名的楼盘建筑风格多为欧陆式、配置豪华、贵族化，强调居住者的社会地位，通常针对的是高收入阶层的置业者。这样的楼盘名常具有气势恢宏的特点，经常用“豪”和“帝”“国际”等词，例如：

上海：永兴富邦、上海财富广场、豪苑、金轩大邸、金榜星墅。

青岛：金宝纯别墅、丽高王府、金碧玉水山庄、珍宝公园、盛世豪景。

深圳：皇朝苑、皇都花园、渤海皇家、皇庭国际。

8. 直奔主题起名法　以商业为目的的楼盘，如果用太过晦涩的字眼，会增加大众的理解和接受难度，容易失去商机。直奔主题的名字能准确无误地反映出该楼盘的用途、目的和类型，风格简约利索。例如：

北京：中关村金融中心、英达利科技数码园、罗湖商务中心、东方科技园。

上海：新时空国际商务广场、ABP 总部基地、陆家嘴中央公寓。

杭州：时代金融中心、明发商业广场、海森国际大厦、国际交易广场。

长沙：中南汽车世界，滨江金融中心。

七、自媒体的命名

随着短视频软件抖音和快手成为两款国民级别的小程序以后，越来越多的人在这两个平台注册和运作账号。有的人是为了娱乐，还有的人是为了在抖音和快手上完成自己的商业梦想。

对于自媒体账号的命名可以注意以下几个方面：

1. 开门见山直接体现称呼和行业　起自媒体账号名称，最简单的方式就是直接体现自己的行业。比如你想写一些美食方面的内容，就可以取名为苗苗美食馆、龙妈聊美食等；如果你想聊创业，可以叫大蓝创业说、猫猫创业故事、东哥副业测评等。这种取名法的好处是不仅能让人知道你是谁，还可以知道你这个账号在谈些什么。

2. 体现地名和特色　这种取名法主要针对的是一些本地同城的账号，比如长沙吃喝玩乐、广州房产说、北京脱单俱乐部、成都潮流理发、青岛海鲜王等。这一类账号，同城的用户只要有需求都会关注，非常精准，非常适合同城店铺引流线下消费。

3. 创意起名法　如果你的内容足够优秀，而且创作类型主要是娱乐板块，不妨尝试一些另类、有创意的取名字方法，比如 papi 酱、一条小团团、刀小刀、柴三岁等。这种名字取法别具一格，且容易让人记住，但往往对于内容的要求很高。如果你的内容足够优秀和特别，可以走这种套路，容易形成自己的品牌。

4. 体现某一类人群的行动需求　如果你本身有为特定的社群服务的目标，或者事先想好了用户的定位，那么可以采用此种命名方式，比如一起来减肥、我们爱摇滚、教英语的雪梨老师等，这种名字精准定位了某一特定的人群。

5. 用职业昵称起名更有亲切感　用职业加昵称的方式能迅速拉近观众和自己的距离，比如化妆师小爱、美食设计师咻咻、外卖小哥阿祖、快递员小武等，这些也是非常流行的命名方式。

6. 清单合集型起名 在抖音和同类网站上有很多合集型的账号，比如书单号、音乐号、电影号等。对于这类清单类账号，可以直接用名称＋类型的方式来命名，如吾睿读书、早晚书单、中国古风精选音乐等。

第六章 起个与众不同的好名字

一、如何起个好笔名

1. 如何起个文雅的笔名 笔名与本名不同。是假名的一种，大多是文人、学者发表作品时的署名，这种署名有的和原姓名有联系，有的和原姓名没有联系。笔名无须标明家族的符号，也无须征得他人的同意。如果说本名是由父辈人所选择和决定的，那么笔名则是由本人选择和决定的。因此，笔名强烈地表现或隐含着决定者、使用者的意愿、个性和偏爱。“五四”新文化运动造就了一大批现代作家和诗人。这些作家和诗人，在发表文学作品时，大多会用笔名。比如鲁迅，原名周树人，字豫才。郭沫若，原名郭开贞，号尚武，他的其他笔名还有郭鼎堂、石沱、麦克昂、高汝鸿等。茅盾，原名沈德鸿，字雁冰，他的其他笔名还有几十个，如玄珠、郎损、方壁、止敬、蒲牢、微名、石萌等。巴金，原名李尧棠，字芾甘，他的其他笔名还有王文慧、欧阳镜蓉、余一等。老舍，原名舒庆春，字舍予。冰心，原名谢婉莹。作家成千上万，笔名自然五花八门。如果分门别类，总的说来有以下几种类型：

(1) 以姓名方式出现的笔名。周绍仪，笔名周立波。吴熙成，笔名吴伯箫。郭恩大，笔名郭小川。蔡南冠，笔名蔡仪。马千木，笔名马识途。丁明哲，笔名丁力。关东彦，笔名关沫南。余昭明，笔名叶紫。万家宝，笔名曹禺。蒋海澄，笔名艾青。林觉夫，笔名秦牧。蒋伟，笔名丁玲。杨凤岐，笔名欧阳山。姚自珍，笔名罗洪。

(2) 以非姓名方式出现的笔名。柳亚子，笔名青兕。赵平复，笔名柔石。闻一多，笔名夕夕。许地山，笔名落华生。钱锺书，笔名中书君。严汉民，笔名厂民。萧植蕃，笔名天光。冯承植，笔名鸟影。

(3) 笔名抛弃原姓，保留原名，或者保留原名中的一部分。洪昊天，笔名昊天。这是去掉姓氏，保留原名，同时以原名的首字作为笔名的姓氏。张光年，笔名光未然。这是以原名中的光字作为笔名的姓氏，同时又选择能和光字连缀成义的两个字作为笔名中名的部分。此类起笔名方式还有：①笔名中至少有一个字和原名保持声音上的联系，比如赵文节，笔名闻捷。闻捷和原名文节谐音。陈彬范，笔名蓝冰。冰和原名中的彬音近，又以母姓蓝作为笔名的姓氏。任禹成，笔名于伶。于和禹谐音，以于为笔名的姓氏。②笔名和原名的某一字保持字形上的联系，比如张松如，笔名公木。笔名系将松字拆为公木二字。杨凤岐，笔名凡鸟。凤字的繁体字从鸟从凡，笔名正是将凤字拆为凡鸟二字。③笔名中至少有一个字和原名保持意义上的联系，比如原名郭光，可用笔名贾明。明和光同义。原名李鹤城，可用笔名月树。月树和原名鹤城形式工整地对仗。

（4）笔名和原姓有关系。①笔名和原姓保持声音上的联系。张心远，笔名张恨水。这是直接使用原姓。丁明哲，笔名白丁。这是以姓为名，又用唐人刘禹锡的《陋室铭》之典："谈笑有鸿儒，往来无白丁。""白丁"就是指平民百姓，用这个笔名意在表示自己要用笔为大众服务的决心。马千木，笔名马识途。保留了原姓，却又巧妙地截取成语"老马识途"的后三字，使原姓在笔名中产生新的意义。李涓丙，笔名李满天。保留了原姓，却又巧妙地截取熟语"桃李满天下"中间三字，使原姓在笔名中产生新的意义。赵景深，笔名邹啸。赵字繁体字从走从肖，邹啸就是走肖的谐音。马书铭，笔名莫韵。莫和马双声。②笔名和原姓的字形保持联系。万家宝，笔名曹禺。繁体的万字，上为草字头，下为禺，拆成两字便是草禺。草禺属于非姓名模式，为了变为姓名模式，就取"草"的谐音字"曹"作为笔名的姓氏，成为曹禺。廖星光，笔名羽山。廖字去掉广和人，便是"羽"和"彡"，"彡"和"山"谐音，故写成羽山。舒庆春，笔名老舍。舒字去掉予便是舍，再以"老"为笔名的姓氏。

（5）笔名和本名没有联系。这类笔名的拟定，完全抛开自己的姓、名，另起炉灶，信笔由之。例如，女作家蒋伟的笔名是丁玲。1922 年她在上海平民女校读书时，主张废除姓氏，并把自己的字"冰之"作为名字。可是此举招来许多麻烦，她需要不断地向人解释自己为什么没有姓氏。久而久之，不胜其烦，她只好用姓，却又嫌原姓蒋字笔画太多、不好写，就找了个笔画最简单的丁字作为姓氏。至于玲字，就像她本人说的："'丁玲'毫无意思，只是同几个朋友闭着眼睛在字典上各找一个字作名，'玲'字是我瞎摸的。"像丁玲这样靠"瞎摸"字典拟定笔名的人不少。

（6）笔名也可以代表某几个人或某个集体。例如山仁，这是 1946 年，霍泛、马印秋、王玉堂三人在《文艺杂志》第 10 期上发表《鲁迅逝世十周年祭》时使用的笔名。"山仁"即"三人"的谐音。又如四名，1931 年至 1932 年，张永年、谷万川、李树藩和杨殿合写宣传红军土地革命及东北义勇军抗日斗争的民间歌谣《时事打牙牌》，共四百多首。这些歌谣在《文学杂志》上发表时，署名就是"四名"。有时某个集体为了抹去自己的痕迹、隐匿集体的面貌，所采用的笔名一般与个人笔名相同，这时集体笔名也就等同于个人笔名了。

（7）使用母姓。周树人，笔名鲁迅（母姓鲁）。曹京平，笔名黄叶（母姓

黄）。关东彦，笔名孟来（母姓孟）。史成汉，笔名牛汉（母姓牛）。钱锦堂，笔名程朔青（母姓程）。

二、如何起个好艺名

艺名，指的是歌手、演员、模特等演艺人士以及某些运动员等在进行演艺、运动事业时，在本名以外所取，供观众称呼的化名。有些明星取了好听的艺名，红遍天下，经久不衰！比如香港四大天王之一的刘德华便是艺名，其真实名字叫刘福荣，改成艺名后刘天王一直红到现在！

好的艺名可以让观众更容易记住，那么怎样起一个好艺名呢？

1. 起一个能表达志向和特点的艺名 著名京剧表演艺术家梅兰芳先生，名澜，又名鹤鸣，别号缀玉轩主人。艺名兰芳，表明自己的品德与追求。梅兰芬芳，艺馨天下。成龙的真名叫陈港生，这个名字普普通通，对他的星途起不到正面作用。后改名陈元龙，还是不够出众。为了接班和取代李小龙的武打巨星的地位，他最终定艺名为成龙，表达了自己成龙成凤的夙愿，巧妙借助成功效应以及带李小龙中一个龙字的光环效应，赋予名字更深的内涵。

2. 借地名来起艺名 比如小沈阳，原名叫沈鹤。这个后来如雷贯耳、家喻户晓的名字其实是他爱人改的。小沈阳的爱人叫沈春阳，当时把他的艺名定为小沈阳，一是夫妻二人都姓沈，二是东北甚至中国无人不知沈阳这个城市，所以巧妙借用了地名。沈阳很大，却在前面加一个小字，颇有一种诙谐幽默的感觉，让小沈阳幽默搞笑的形象更加深入人心。

3. 借前辈明星加持起艺名 章子怡是享誉全球的中国影后。然而章子怡刚出道的时候也并非一帆风顺，直到她被冠以“小巩俐”的称号后，才开始了一路畅通。其实章子怡从五官上、身材上都和巩俐相似程度并不高，可能唯一能把两人联系到一起的就是国宝级导演张艺谋的赏识和力捧了。这种艺名在传统曲艺界更为多见，如“六龄童”后有“六小龄童”，“常香玉”后有“小香玉”等。

4. 成立组合或者横向分类起名 小虎队是一个非常成功的组合，整体名字虎虎生风、充满朝气，与组合成员的形象和艺术风格高度一致，而且单人艺名也非常好记有特点：霹雳虎是吴奇隆，身手不凡；乖乖虎是苏有朋，像邻家男孩一样乖巧内敛；小帅虎是陈志朋，有点像张国荣，英俊帅气。小虎队后来解散单飞，但是作为观众的我们，看到任何一个人的消息就会不自觉地想到另外两个。再比如台湾艺人大 S 和小 S，本是亲姐妹，原名叫徐熙媛和徐熙娣。早年她们出道时是以组合 SOS 为名，曾出过几张专辑，但卖得都不是很好。一方面因为她们两人的名字难记也难念，SOS 这个艺名也不足以表达在娱乐圈的定位。后来她们改了艺名，分别叫大小S，两人分别往电视和主持方面发展，大获成功。这对名字最大的优点是太好记了，可以顺其自然地让人联想到两个“S”形身材、魅力四射的女人。此外，本来两个人应该属于两个独立的“IP”，但“大小S”由于产生了捆绑效应，使人们看到一个就会想起另一个，于是就可以互相借势：大S有新闻，小S也可以沾光；小S拍广告，大S也可以受益。

说到横向分类起名，不得不提到目前相声界的当红班社德云社。传统相声行业注重传承，对正式的入行人员都要求有艺名，一方面是便于论辈，一方面也有助于观众记忆。因此，在德云社，给徒弟们起艺名成了拜师的一个重要环节。那么徒弟们的艺名是怎么取的呢？德云社创始人之一的张文顺先生定了“云鹤九霄，龙腾四海”这个家谱排序，取期望徒弟们事业腾达之意。这个排序也是一个字一科，四年招收一届徒弟。科与科之间是平辈的，他们只是加入的时间顺序不同，彼此间是师兄和师弟的关系。比如云字科的有岳云鹏、栾云平、张云雷、于云霆、孔云龙、陶云圣等，而鹤字科的有张鹤伦、杨鹤通、于鹤真、靳鹤岚、杜鹤来、郎鹤炎、孟鹤堂、阎鹤祥等。纵观这些名字，多是以辈分字加上一个比较吉利的字眼，记忆成本比较低，也容易形成规模效应。

5. 起艺名要么大雅，要么大俗，总之，要有辨识度和特点 艺名承载的是艺人的形象和气质，所以一定要和艺人的气质相匹配。比如王宝强是中国大陆最受欢迎的演员之一，他没有另起艺名，以本名闯荡艺坛，就是因为这个本名不仅“大俗”，而且符合他的形象。他是地道的农民出身，憨厚却又搞笑的形象让人过目难忘。如果他不叫王宝强而叫王俊美，那么他的形象绝对不会这么深入人心和家喻户晓。再比如凭借小品《不差钱》和小沈阳一同火遍中国的丫蛋，其本名叫吕品。在东北，丫蛋这个名字既俗气又亲切，非常符合丫蛋傻大姐的形象和气质，听一次就能让观众记住。提到农民歌唱家朱之文，可能很多人都反应不过来；但是提到大衣哥，估计大部分人都听说过，这便是特点的力量。在未出名前，大衣哥朱之文只是一个普普通通的农民。他家境贫寒，一年收入只有5 000元左右，且10岁就丧父。大衣哥参加2011年山东电视台综艺频道《我是大明星》选秀比赛海选时，身穿破旧军大衣，站在台上一动不动，开口唱出电视连续剧《三国演义》主题曲《滚滚长江东逝水》，观众顿时掌声雷动，而现场评委也惊呆了。至此，朱之文浑厚有磁性的嗓音持续响彻舞台，他的破旧军大衣成为他的个人符号，他也被粉丝们尊称为“大衣哥”。

6. 用洋气的英文名起艺名 Angelababy是用英文名出道的最成功的女艺人之一，她原名杨颖。作为中文名而言，这是个很好记的名字，但又是个很难被记住的名字。因为“颖”字作女生名，太过平庸和普通。在杨颖当年出道的香港，就有着很严重的重名问题，而香港人起名又普遍偏爱几个字。以女生为例，名字里尤多出现“嘉”“敏”“颖”等字。因为这个缘故，加上香港是国际化都市，英语用得多，香港人大多有个英文名，以便于区分。

当年经纪公司希望杨颖“脱颖而出”，为此需要一个让人印象深刻的名字。据杨颖自己说，她小时候英文名是Angela，但她身边的人都觉得这个名字的三个音太难读，加上她有点儿婴儿肥（Baby Fat），所以都叫她Baby（宝贝）。到她主持迪士尼节目时，又用回Angela这个名字，为了突出自己的特点。于是顺理成章地把二者结合成了Angelababy。这个名字的妙处是，在普通的Angela后面加上baby，整个名字顿时变可爱了，也变得好记了。再比如twins这个组合，twins这个英文单词本身就有双胞胎姐妹的意思，让人马上可以联想到两个长相出众、歌声甜美的女孩，这种联系又加深了人们对于这个名字的记忆。

三、如何起个好网名

我们处在互联网时代，在QQ和微信上进行社交聊天需要用网名，在抖音和快手发布短视频需要用网名，在淘宝、美团、拼多多买东西需要用网名，甚至只要使用任何一个小程序，都需要起个网名。因此，起网名是大家平时都会遇到的高频事件。网名五花八门，各种风格的都有，只有你想不到的，没有你见不到的。有纯情的、有搞笑的、有自嘲的、有文艺的、有“二次元”的……取网名其实很有学问，不但要符合本人的形象和志向，还要好记不落俗套。一个好的网名，能让人感到快乐和温暖；一个不好的网名，不但让人提不起兴趣，甚至有时还会让人生厌。下面我们就来看一看如何取一个好的网名。

在微信或者短视频社交平台，每个人都面临营销与被营销。如何让朋友或者陌生人在有需要的时候能第一时间想到你并找到你，这是一件至关重要的事。那么要做到这点，就必须要起一个能被人一眼看到以及记住的网名，最好是采用职业＋名称的方式。比如如果你是厨师，可以叫舌尖上的艺术家彭师傅；如果你是数学老师，可以叫爱玩的数学罗老师；如果你是律师，可以叫会打官司的张律师等。这些称呼既简洁又容易被记住。抖音上的长沙房超人，这个账号的博主对长沙二手房和新房的价值和区位解析得非常到位，而且曾经多次得过新环境二手房的销售冠军，实力的沉淀配上这个形象的名字，吸粉能力自然十分了得。

四、如何起个好英文名

对于许多人来说，起英文名字是有不少好处的。在很多比较西方化的职场

（如外资企业），通常大家也都习惯用洋名称呼彼此。更重要的是，出国留学后，老外可以很正确地叫出你的名字，减少彼此的尴尬。

1. 英文姓名小常识 大部分的人在第一次上英文课的时候，就会开始考虑取一个英文名字。在英文词汇量还不是很大的时候，可能有一大堆人选了John、Mary、Bob、Paul、Joe、Jane等单音节、三四个字母的名字。随着教育程度的提高，很多人在成长的过程中，也经常更换自己的英文名字。不过在出国之前，你应该决定一个终身使用的名字。如果你希望有个正式的英文名，必须在申请护照的时候同时加注。一旦你申请了护照，这个英文名字就不能轻易改动了。在起英文姓名时，有几点需要注意的地方：

（1）英语姓名的结构。英语姓名的一般结构为：教名＋自起名＋姓。按照一些民族的习俗，一般在婴儿接受洗礼的时候，由牧师或父母亲朋为其起名，称为教名。之后本人可以再起第二个名字，排在教名之后。如William Jefferson Clinton（威廉·杰弗逊·克林顿）。但很多场合中间名往往略去不写，如George Bush（乔治·布什），而且许多人更喜欢用昵称取代正式教名，如Bill Clinton（比尔·克林顿）。

（2）英语人名的来源。英语人名的来源大致有以下几种情况：①采用圣经、希腊罗马神话、古代名人或文学名著中的人名作为教名。②采用祖先的籍贯、山川河流、鸟兽鱼虫、花卉树木等的名称作为教名。③使用教名的不同异体。④采用昵称（小名）。⑤用构词技术制造新的教名，如倒序、合并。⑥将母亲的娘家姓氏作为中间名。英语中常用的男子名为：James，John，David，Daniel，Michael等；常见的女子名为：Jane，Mary，Elizabeth，Ann，Sarah，Catherine等。（3）好英文名的标准。不光是中国人起名要求音、形、意俱佳，其他民族在起名时也是十分讲究的。只是在他们心中，一个好名字的意义内涵和我们有些不同。所以，起英文名字时，要弄清楚什么样的含义是最好的。一般来说，好的英文名字应该有4个好的特点：①来源好。英文人名讲究有出处和好的文化背景，有的名字还应含有几种语言字根。②含义好。名字的表面意义要好。在英文名字中，大部分的人名含义还都有迹可循、可以确定，但部分人名因语言不同而产生歧义，有的人名出自口语，现已不知含义为何。然而，一个好的名字应该有好的、可以知晓的含义。③有韵意。所谓韵意，是指人名在传统的意义之外所隐含的意义，例如“亚当”，原意为“红土”（为尘土所造）；韵意则为“人乃按照上帝的形象而造”。④有人名故事。外语名字多有历史典故，而且其演变故事富有趣味。

2. 起英文名的常见问题 随着全球化进程的深化，英文名对每个人，尤其是年轻人，变得越来越重要。但是，很多人并不知道如何起英文名，往往胡乱起，结果产生很多问题。作为一名中国人，要想起一个好听、实用的英文名，还得注意避免以下问题：

（1）所起英文名太常见。第一种问题是起的英文名太常见，如 Henry、Jane、John、Mary，这就像外国人起名叫赵志伟、王小刚、陈小平一样，给人牵强附会的感觉。虽然起名字并无一定之规，但给人的感觉总是很重要的。

（2）不懂文化差异而犯忌。由于文化差异，有些名字引申义不雅，如 Cat、Kitty，在英语俚语中多有贬义，故也要注意用词的背景调查。

（3）改名又改姓。一般来说，非英语国家的人到了英语国家，都可能改名，但没有改姓的。这关系到家族荣誉，将来还会关系到子孙后代。因此，无论自己的姓多么难读，都要坚持。有的人起英文名时连姓也改了，如司徒健 Ken Stone、肖燕 Yan Shaw，便有些不妥。有些英文姓与中文姓氏基本同音，但意思天差地别，最好也不要用，如 Young 杨、Lee 李。

（4）名字的发音不好。名字是用来叫的，起一个不闹笑话的名字是最基本的要求。既不要让本国人笑话，也不要让外国人觉得拗口。如 Lin wood，在我们中国人听来，容易取笑为“你无德”。再比如 Roger 这个名字，有时被人念作“弱智”，尽管本意是“有名的使矛的人”，最后还是得改名。外国人常用的名字基本是发音符合名字要求的，所以没有把握不要自己去生造。有些人因为姓被人叫得多，便起个与姓谐音的英文名。但这样的英文名单独叫尚可，全称时就不太自然了，例如肖珊 Shawn Xiao、钟奇 Jone Zhong、周迅 Joe Zhou、安芯 Anne An。

（5）不懂语法用错词性。名字一般用名词，不用形容词。有些人不懂这一规律，用形容词起名，如 Lucky、Sunny，其实这在英文名中是不够传统或正规的，比如 Sunny，传统上会以“Sunniva”为正式名，“Sunny”仅做简称。

（6）注意名字的性别。有些英文名既可用于女孩，也可用于男孩，比如 Chris、Pat、Caroll，选用这些名字的时候要注意。像 Chris，虽然可以是 Christina 或者 Christine 的爱称，但同时也是 Christopher 或者 Christian 的爱称，性别暗示常为男性，女孩用未必最好。还有 Samantha，它的爱称为 Sam，和 Samuel（男用）的爱称一样，选的时候也要注意。偶尔还有人弄错了性别，如女士起名 Andy、Daniel。

（7）名字的拼写。起个英文名字本来是为了方便交流，所以应尽量找便于拼写的。有些名字可以有好几种拼写方法，例如 Wendy 也可以拼成 Wende，最后一个字母是 e 不是 y，虽然念起来一样，不过拼写的时候总得一遍一遍提醒别人，还挺麻烦的。还有 Dianna，多这一个 n，就要费很多口舌解释。

（8）名字的独特性。起英文名的时候，虽然大家都希望能够与众不同，但一个公司里有一两个 Jessica、两三个 Michael（或 Mike）也是常事。字母少的名字的优点是好记，但很容易就会与人重复，容易搞混，所以起个长一点的、有特点的名字，并不吃亏。

（9）名字的缩写。很多人起英文名往往忽视了自己英文名的缩写，姓赵或姓张的取个 Oliver 或 Olivia，缩写就成了 OZ，总让人联想到《绿野仙踪》里那些个古古怪怪的巫婆、巫师们。

3. 起英文名的几条建议 为了方便本国人记忆，而且表现一点对自己父母的尊重，可以起个和自己中文名字相关的英文名字。首先，英文名最好与中文名发音一致，例如郑莉莉 Lily Zheng、孔令娜 Lena Kong、张艾丽 Ally Zhang、吕萌 Moon Lu、张波 Bob Zhang、许开云 Crayon Xu、江丽霞 Lisa Jiang、蒋大为 David Jiang、张爱玲 Eileen Zhang、李斌 Ben Li。如果这一条做不到，则争取英文名与中文名局部发音一致，例如李连杰 Jet Li、王冬梅 May Wang、吴家珍 Jane Wu、吴珊儒 Sandy Wu、关荷 Helen Guan。如上述两条均做不到，还可使英文名与中文名发音尽量接近或相关，例如陈方宁 Fanny Chen、李秀云 Sharon Li、王素琴 Susan Wang、周建设 Jason Zhou、罗凯琳 Catherine Luo、董岱 Diane Dong、崔文生 Vincent Cui、李翠 Tracy Li、沈茂萍 Maple Shen、刘丽芳 Fountain Liu。此外，意译也是个不错的选择，例如王星 Stellar Wang、李冰 Ice Li、齐天 Sky Qi、白云 Cloud Bai、刘长河 River Liu、陈苹 Apple Chen。总之，起英文名时要尽量与自己的中文名有联系，让人感觉这就是你。当然，不一定非要找一个和自己的中文名发音相似的英文名。要起个好英文名，还是要多考虑些前面提到的问题。另外，外国人的姓名有时候可以看出来是哪个民族的，如果你钟情法国或是德国名字，也可以用类似的方法来起有法国或德国特色的名字。

附录 常用起名佳字寓意分析

附录一　男性起名常用佳字以及解释

1. 士：可作对读书人的泛称，寓意博学多才。

2. 佳：寓意能力强，外貌佳，文雅而美好。

3. 柏：寓意身材挺拔，生命力顽强。

4. 裕：丰富、宽宏，寓意幸福美满、宽宏大量、不遇险境。

5. 源：渊源，源头，寓意为创始之人。

6. 鸿：飞灵，勇毅，寓意凌气和远志。

7. 铭：铭志。志立人上，铭意立报。又音同鸣，寓意出类拔萃，一鸣惊人。

8. 初：开始。用作名字，寓意不忘初心。

9. 方：寓意正直，正派。

10. 孝：寓意孝顺。

11. 民：即老百姓，此为谦辞。

12. 永：寓意长久，永远。

13. 元：寓意开始，又有巨大意。

14. 逸：寓意超过一般人。

15. 子：寓意有学问的人，也是古代的美称。

17. 思：寓意思念，也寓意思考。

18. 义：寓意为人正义，也指合乎情理。

19. 祖：寓意光宗耀祖。

20. 继：寓意继往开来。

21. 嗣：寓意后代吉祥。

22. 绍：寓意富贵绵长。

23. 家：寓意家和万事兴，家庭幸福。

24. 业：寓意事业有成。

25. 稷：寓意国家太平。

26. 庭：寓意家庭幸福，平安。
27. 博：寓意广博专深。
28. 慕：寓意倾慕，仰慕，敬慕。
29. 志：寓意志在必得，众志成城。
30. 尚：寓意崇尚，高尚。
31. 拓：寓意开拓拼搏。
32. 振：寓意振奋，振兴。
33. 超：寓意不甘落后，奋起直追。
34. 进：寓意追求上进，日有所进。
35. 卓：寓意卓尔不群。
36. 显：寓意声名显赫，显山露水。
37. 趋：寓意追求，前进。
38. 奋：寓意奋发图强。
39. 憧：寓意满怀希望。
40. 德：寓意功德圆满，为人有德。
41. 道：寓意追求大道，立身正直。
42. 正：寓意正人君子。
43. 伦：寓意无与伦比，超群绝伦。
44. 信：寓意真诚讲信用。
45. 仁：寓意仁义善良。
46. 诚：寓意忠诚，真诚，诚实。
47. 贤：寓意崇尚先贤，追求贤德。
48. 和：寓意平和，和顺。
49. 善：寓意向善，与人友好。
50. 友：寓意待人友好，也寓意善待晚辈。
51. 义：寓意信义，大义，忠义。
52. 清：寓意清澈，清洁，清高，清静。
53. 气：寓意气宇轩昂，神清气爽。
54. 澄：寓意表里如一，澄澈明亮。
55. 敬：寓意尊敬，崇敬，专注。
56. 谦：寓意谦逊有礼，谦谦君子。
57. 济：寓意达则兼济天下。
58. 邦：寓意治世之能臣。
59. 毅：寓意坚毅，刚强，威武不屈。

60. 持：寓意持之以恒，永无止境。

61. 独：寓意特立独行，与众不同。

62. 立：寓意立身，立世，立言，立命，独立。

63. 韧：寓意坚韧不拔。

64. 力：寓意坚强有力。

附录二　女性起名常用佳字以及解释

1. 如：用在名字里，寓意把人比做某种事物。

2. 妍：寓意为美丽，在名字里的使用率很高，故最好不用单字，作为三字姓名的第二个字起修饰作用。

3. 嫣：寓意为鲜艳的红色。嫣用在名字的中间和后边都能出好名字。

4. 妩：寓意为女性姿态美好。由于发音较为特殊，把妩字用在名字的中间用于修饰较好。

5. 安：寓意平安、安定，应用到名字上时表达人的性格安静，可搭配若、然、琪、静、妍、萱、彤等字。

6. 诗：寓意为有才华、学识，也能烘托出女性的柔美气质与甜美。

7. 姣：寓意相貌美丽，用它作名字效果远胜过常用的丽、美等。

8. 娈：寓意相貌美丽，以娈为名的不多，配字时应注意语音。

9. 姿：寓意容貌和形态美好。虽然是常用字，但在姓名中的使用率并不高，不易重名。

10. 娲：寓意为女娲，即中国历史上传说中的神。考虑到发音较为特殊，可以在名字的结尾处用这个字。

11. 姬：寓意为古代对妇女的美称，也可以解释为从事歌舞的女子。用姬作名字给人以能歌善舞的感觉。

12. 娆：寓意为娇艳美好，但能与娆搭配的字并不多，尤其是在语音上不能绕嘴。起单字名时，用娆也要考虑姓与娆字在语音上是否能搭配上。

13. 姝：寓意为美好，用姝作名字比较好配字，也不容易重名。

14. 婷：寓意为亭亭玉立、漂亮雅致。

15. 彤：寓意为红色，象征有希望、前途美好。

16. 薇：寓意为美丽、真诚、高雅、坚强。由于本意为植物，也可配合颜色等词。

17. 雯：本义为彩云，寓意为美丽而有文采。

18. 欣：寓意为快乐、高兴，也寓意茂盛。

19. 馨：寓意为散布很远的香气。
20. 雅：寓意为文雅正直。
21. 瑶：寓意为美玉。
22. 怡：寓意为心情安适、愉快。
23. 颖：寓意为尖端或聪明、杰出的人。
24. 珊：寓意为珍贵美丽，像珊瑚一样好看。
25. 洁：寓意为干净、清洁、纯洁无私。
26. 楚：寓意为清晰、整洁、茂盛。
27. 奕：寓意为重叠、高大、美丽。
28. 菡：即荷花，寓意为出淤泥而不染的高洁。
29. 慧：寓意为聪明、灵秀、有才智。
30. 佳：寓意为美好，美丽出众。
31. 瑾：寓意为美玉，古时常与瑜字联用。
32. 璟：寓意为玉的光彩。
33. 岚：寓意为清新不俗、眼界开阔、高深莫测。
34. 乐：寓意为喜悦、愉快，也可指精通音乐、气质不俗。
35. 琳：寓意为如玉一样贵重。
36. 玲：寓意为明亮或美好的样子，也形容人的灵活敏捷。
37. 璐：寓意为美玉。
38. 萌：寓意为刚刚开始、初创，现也指可爱。
39. 梦：寓意为有想象力，充满梦想。
40. 敏：寓意为灵活迅速，也指聪明。
41. 娜：寓意为柔美。可以作为被修饰的字。
42. 宁：寓意为安定、平安。
43. 琪：寓意为珍贵的美玉。
44. 倩：寓意为面容含笑，姿容美好。
45. 清：寓意为清澈透明，思路明白。
46. 玥：寓意为富贵吉祥。
47. 钰：寓意为掌上明珠。
48. 嘉：寓意较多，主要有善、美，赞许、表扬、吉庆、幸福欢乐等。
49. 娴：寓意为娴静和娴雅。
50. 娇：寓意为温柔娇媚，性格可爱。
51. 妙：寓意为灵巧、巧妙，也有妙龄少女之意。
52. 佩：寓意为出类拔萃。非常干练，适合作为起名单字，或在三字名中作为中间字使用。

53. 雪：寓意为洁白、雪白、高洁、心灵纯洁，是女孩起名常用字。

54. 艺：寓意为多才多艺。适合在三字名中作为中间字使用。

55. 苗：寓意为继承事业的年轻人，有成就的人。

56. 莺：原是某种鸟的名字，寓意为活泼可爱、歌声婉转。

图书在版编目（CIP）数据

好名字好前程——吉祥起名实用大全（珍藏版）/ 胡帅著．—北京：农村读物出版社，2022.1（2024.10 重印）
ISBN 978-7-5048-5823-8

Ⅰ.①好… Ⅱ.①胡… Ⅲ.①好名字－中国－通俗读物 Ⅳ.①K810.2

中国版本图书馆 CIP 数据核字（2022）第 028099 号

农村读物出版社出版
地址：北京市朝阳区麦子店街 18 号楼
邮编：100125
责任编辑：吕　睿
版式设计：王　晨　　责任校对：吴丽婷
印刷：北京中兴印刷有限公司
版次：2022 年 1 月第 1 版
印次：2024 年 10 月北京第 7 次印刷
发行：新华书店北京发行所
开本：700mm×1000mm　1/16
印张：7.5
字数：200 千字
定价：28.00 元
